话说内蒙古

土默特右旗

周涛 戈亘◎编著

内蒙古人民出版社

图书在版编目（CIP）数据

话说内蒙古·土默特右旗 / 周涛，戈亘编著．—呼和浩特：内蒙古人民出版社，2021.6
ISBN 978-7-204-14521-8

Ⅰ．①话… Ⅱ．①周…②戈… Ⅲ．①土默特右旗—概况Ⅳ．①K922.6

中国版本图书馆CIP数据核字（2017）第006608号

话说内蒙古·土默特右旗
HUASHUO NEIMENGGU TUMOTEYOUQI

丛书策划 吉日木图 郭 刚
策划编辑 田建群 张 钧 南 丁 王 瑶 贾大明
本册编著 周 涛 戈 亘
责任编辑 王 瑶 董立群
责任校对 李向东
责任监印 王丽燕
封面设计 南 丁
版式设计 朝克泰
丛书名题字 马继武
蒙古文题字 哈斯毕力格
出版发行 内蒙古人民出版社
地 址 呼和浩特市新城区中山东路8号波士名人国际B座5楼
网 址 http://www.impph.cn
印 刷 内蒙古恩科赛美好印刷有限公司
开 本 710mm×1000mm 1/16
印 张 12.5
字 数 200千
版 次 2021年6月第1版
印 次 2021年6月第1次印刷
印 数 1—1500册
书 号 ISBN 978-7-204-14521-8
定 价 52.00元

图书营销部联系电话：（0471）3946267 3946269
如发现印装质量问题，请与我社联系。联系电话：（0471）3946120 3946124

《话说内蒙古·土默特右旗》编委会

总序

内蒙古自治区是我国第一个省级少数民族自治地区。全区共划分为9个地级市、3个盟、2个计划单列市，下辖103个旗、县、市辖区，包括52个旗、17个县、11个盟（市）辖县级市、23个市辖区，首府呼和浩特市。

内蒙古东西直线距离约2400公里，南北跨度1700多公里，土地总面积118.3万平方公里。广袤的土地蕴含着丰富的自然资源和动植物资源：从东到西的森林、草原、沙漠等地形地貌，天然地形成了独特的旅游资源；丰富的煤、铅、锌、稀土、风力等矿产资源和清洁能源，为煤化工产业、有色金属产业、清洁能源产业的发展提供了支撑。内蒙古地跨“三北”（东北、华北、西北），毗邻八个省区，与俄罗斯、蒙古国接壤，国境线长达4200公里，有建成我国向北开放的重要桥头堡和充满活力的沿边经济带的天然区位优势。内蒙古依托气候、优质土壤和草场、水源充足等优势，实现了农牧业的现代化发展。

这一方沃土，是北方少数民族生息和发展的中心地域，孕育了游牧文明、草原文化，在与农耕文化的不断碰撞中，相互融合，相互促进，共同谱写了中华文明的恢宏乐章。仰韶文化、红山文化是中华史前文化的一部分，战国时期赵武灵王着胡服、学骑射，两汉与匈奴交往、和亲，两晋南北朝的鲜卑建立了雄踞北方的北魏王朝，隋唐时期突厥与之建立了宗藩关系，契丹民族建立了辽政权，蒙古民族创立了疆域广阔的大元王朝，明清时期鞑靼、瓦剌等民族与之建立了藩属关系——历史上，北方少数民族或雄踞一方与中原交好，或入主中原建立政权，在不断风起云涌中铸就了内蒙古丰富、厚重的历史文化魂魄。进入近现代以后，内蒙古也走在抗敌御侮的前沿，为中华人民共和国的成立做出了巨大贡献。

这份丰厚的历史积淀当中，涌现了诸多杰出人物，他们或是一方霸主，统领一域；或是一代天骄，建万世之基；或是贤良能臣，辅助建国大业；或是时势英雄，救人民于水火；或是在各自领域内创造历史价值的名人雅士。这些人有耶律阿保机、成吉思汗、忽必烈、哲别、术赤、耶律楚材，乌兰夫、李裕智，尹湛纳希、玛拉沁夫、纳·赛音朝克图，等等。

物华天宝，人杰地灵。广袤的土地除了养育了一代代的草原人，也成就了它丰富的地域文化：马头琴音乐、呼麦、长调等民族音乐，好来宝、二人台、达斡尔族乌钦等曲艺，安代舞、顶碗舞等民族舞蹈，刺绣、剪纸、民族乐器制作、生活用具制作等传统工艺，蒙医药、正骨术等传统医药医术，婚丧嫁娶等礼仪习俗……在音乐舞蹈、民间艺术、文学史诗、传统医药、手工技艺、民俗风情等方面都取得了独有的成就。

悠久历史文化滋养下的内蒙古，在中国共产党的领导下，迈向新的历史征程。内蒙古自治区成立以来，党和国家一直重视内蒙古的发展，也给予各类政策和经济支持。内蒙古也不负众望，各项事业均取得了令人瞩目的成就：经济保持平稳增长，人民的生活水平不断提高；民主法治建设得到有效推动；建立了具有民族特色的教育体系，民族教育水平不断提高；民生改善工作成绩斐然；生态文明建设取得较大成就；四通八达的立体交通网，拉近了内蒙古与世界的距离……

纵观几千年历史，内蒙古在历史的长河中扮演了重要的角色，这不仅源于自然条件的得天独厚，也源于草原儿女的自立自强。虽然这片沃土上的民族大多以口耳相传的方式传承着自己的文化，但是仍有不少历史的碎片撒落在当地的史籍当中，这些史料汇集成册，将成为向世人介绍内蒙古的名片。为此，我们组织全区103个旗县（市区）的有关部门和专家学者，借助各地的丰富史料，把散见于各种资料中的人文历史、民俗文化、民间艺术、壮丽风光、当代风采、支柱产业等汇编在一起，编纂出一套能够代表内蒙古总体面貌、能够反映时代特色和文化大区风范的大型读物——《话说内蒙古》，以展示我区经济发展、文化繁荣、民族团结、边疆安宁、生态文明、各族人民幸福生活的六大风景线。

一本书，一支笔，浓缩的仅仅是精华中的精华，不足以穷尽所有旗县（市区）的方方面面。若本书为你敞开一扇了解内蒙古之窗，那么，读万卷书不如行万里路，内蒙古将以最大的热情迎接你：

赛拜侬——

欢迎你到草原来！

序

大青山下，黄河北岸，古敕勒川中心地带的土默特右旗，风光秀美，魅力无限，历史悠久，文脉绵长。新石器时期原始先民的生活遗址，讲述着远古文明的时光；赵武灵王胡服骑射，赵长城边墙烽燧，见证了金戈铁马的以往；《敕勒歌》，千年传唱着塞外草原雄奇壮美的绚丽风光，引发了深情的历史回望；从白道川到丰州滩，土默特部蒙古阿勒坦汗驻牧，土默川首开蒙汉文化交融团结进步的先河；明清以降，迄于近代，持续数百年的“走西口”移民大潮，丰富着多元共生和谐守望的地域文化内涵。草原文明，农耕文明，在这里完美交融互补成长；经典二人台，生生不息，百年芬芳驰誉中华，“中国二人台文化艺术之乡”引来世界关注的目光。敕勒川文化的洋洋大观光华四射，一个个特色鲜明的地域文化坐标，一张张地域文化名片，无不彰显着土默特右旗的文化魅力和蓬勃发展的巨大潜力。

天下雄川，千古灵秀，孕育英才，数不胜数。阿勒坦汗三娘子，土默川上展宏图。辛亥革命三杰，抗日英烈，风流人物，彪炳史册。八路军挺进大青山，萨县抗日游击队重创日伪军，八年抗战功业卓著。曾经的峥嵘岁月，闪耀着英雄史诗的光辉。中华人民共和国成立，人民当家做主，蒙汉各族人民团结互助，共建美好家园，走向富裕，走向幸福。

沐浴着新时代的灿烂阳光，续写着春天的故事。2600平方公里的土默特右旗，为实现“两个一百年”奋斗目标、实现中华民族伟大复兴的“中国梦”，创业热浪一浪高过一浪。36万蒙汉各族人民，紧跟旗委、旗政府的战略部署，意气风发，创造出与日俱增的骄人业绩，写下前无古人的现代传奇，世世代代、祖祖辈辈人民群众过上幸福美好新生活的光荣与梦想，已经变成现实。

旗委、旗政府的坚强领导，凝聚起道路自信、制度自信、理论自信、文化自信的强大正能量。劳动的汗水，辉映岁岁年年的日月星光；群体的英雄雕像，其华彩映现在历史的天空之上。“四个全面”，频开新局；“五个文明”，花开遍地。万顷良田满载希望，工业文明繁花似锦，现代新型中等城市巍然崛起，波澜壮阔的现代文明大进军，步履铿锵，声震天宇，到处涌动着畅通无阻的希望。新时代的土默特右旗，正朝着全面建成高质量小康社会砥砺前行，为实现中华民族伟大复兴的“中国梦”，汇聚起勇立潮头、争创第一流的磅礴力量。天苍野茫敕勒川，风光无限冠古今。创业的热土上，党旗高高扬，党徽耀眼闪亮，不忘初心、牢记使命，波澜壮阔的时代交响在天地间回荡。奋发奋进的土默特右旗，走进新时代，开启新奋进，展现新作为，树立新形象，谱写全新的时代壮美华章。

近年来，旗委、旗政府以习近平新时代中国特色社会主义思想为指导，统筹推进“五位一体”总体布局和协调推进“四个全面”战略布局，积极主动融入呼包鄂协同发展，坚持稳中求进工作总基调，坚持新发展理念，推动高质量发展，以供给侧结构性改革为主线，加快建设现代产业体系，推进一二三产业融合发展，继续打好三大攻坚战，深入实施乡村振兴战略，统筹推进稳增长、促改革、调结构、惠民生、防风险工作，努力打造包头市转型升级、高质量发展新的增长极，自治区一二三产业融合发展示范区和沿黄经济带协同发展高地，为全面建成小康社会收官打下决定性基础。事业呼唤责任担当，发展来自戮力同心。旗委、旗政府团结带领36万各族人民更加紧密地团结在以习近平同志为核心的党中央周围，坚定信心、迎难而上，真抓实干、争创一流，奋力谱写土默特右旗高质量发展新篇章。

建设新型中等城市，大手笔写大文章。宏大的构想，宏伟的目标，在这片古老而神奇的土地上，续写着色彩斑斓的现代传奇，一座新型中等城市巍然崛起。坚持创新、协调、绿色、开放、共享发展理念，以全面建成高质量小康社会为统揽，以提高经济发展质量和效益为中心，以转方式、调结构为主线，以保障和改善民生为立足点，着力构筑以新型工业为支撑、现代服务业为先导、绿色农牧业为根基的旗域产业新体系，建成呼包鄂区域新型中等城市，成为包头市新的经济增长极。坚持创新发展，打造“实力土右”；坚持协调发展，打造“和润土右”；坚持绿色发展，打造“生态土右”；坚持开放发展，打造“活力土右”；坚持共享发展，打造“幸福土右”。一张蓝图绘到底，一任接着一任干。旗委、旗政府肩负起建设新型中等城市的神圣使命和时代赋予的责任担当，以蓬勃的朝气、昂扬的锐气、浩然的正气，勇向潮头立，敢为天下先。

今日的土默特右旗，经济发展，政治文明，社会进步，文化繁荣，生态良好，人民生活幸福安康。土默特右旗，是祖国北疆亮丽风景线上的重要节点，是呼包鄂城市群中的璀璨明珠，必将展时代风采、与日月争辉，放射出举世瞩目的耀世荣光！

历史已经证明，人杰地灵的土默特右旗，蕴藏着无穷的创新力量；历史还将继续证明，土默特右旗大地上，必然铸就新的辉煌。

在《话说内蒙古·土默特右旗》出版之际，谨祝土默特右旗的明天更加繁荣昌盛。

是为序。

中共土默特右旗委员会

土默特右旗人民政府

2021年3月

目录 Contents

遗址与文物

壮丽风光

民俗风情

风味特产

民间故事

当代风采

古人吟咏

历史回望

HUASHUONEIMENGGUtumoteyouqi

历史回望

LISHIHUIWANG

巍巍大青山，滔滔黄河水。古老的土默川平原，物华天宝的一方胜境，孕育了土右旗这片人杰地灵的神奇土地，写下了前无古人的传奇篇章。

土默特右旗（以下简称“土右旗”）位于内蒙古自治区（以下简称“自治区”）西部，地处呼和浩特市、包头市和鄂尔多斯市“金三角”腹地，隶属包头市。总面积2600平方公里。全旗辖5个镇、3个乡、1个管委会，总人口36万，其中，蒙古族8439人、回族2400人、满族700人，其他少数民族300人，是一个以蒙古族为主体、汉族居多数的多民族聚居区。旗政府所在地萨拉齐镇是全旗政治、经济、文化中心，人口12.2万，建制历史近300年，自古就是一个人文荟萃、商贾云集的水旱码头，被誉为“塞外明珠”。

土右旗地处世界闻名的土默川（也就是历史上著名的云中川、敕勒川、白道川、丰州滩），历史悠久。这里方圆百公里内有大量的考古遗存。东部有距今五六十万年的呼和浩特市大窑及乃莫板村两处旧石器时代石器制造场（这两处旧石器制造场以其丰富的文化内涵不仅在中国极其罕见，就是在世界上也极其罕见），南部在十万年前就有鄂尔多斯人（河套人）在活动，东南部有海生不浪文化，西部有阿善沟门文化。从大窑文化和河套文化推断，早在旧石器时代，土默川这块丰腴的土地上就有人类活动。考古还发现，旗境沿山台地上自西向东有20多处距今10000~8000年前的新石器时代人类活动遗址。在这些遗址中，发现了数量众多的围墙、房屋、祭坛等石基残存和品种众多的石器和纹饰陶片，为古人类新石器时期文化遗存。

夏商周至春秋时期，先后有荤鬻、鬼方、土方、楼烦、林胡、匈奴等游牧民族在这里游牧、驻牧。

战国时期，赵武灵王经过“胡

服骑射”的改革，于公元前300年北破林胡、楼烦，沿阴山修筑长城，并设置了云中、雁门和代三郡。土右旗为云中郡西部地（土默川当时称云中川）。旗境赵长城残段、烽燧如今仍清晰可见。

秦汉时期，旗境先后属秦朝的九原郡咸阳县、犊和县，汉朝的云中郡、五原郡、咸阳县、犊和县及南匈奴游牧地。

北魏时期，敕勒降众被安置在阴山之南驻牧，云中川遂被称为敕勒川。北魏民歌、中国第一首描写塞北草原风光的民歌《敕勒歌》就产生在这里。北魏迁都洛阳后，旗境为怀朔镇的东南境。

隋唐时期，境内设置油云县，属云州管辖。在萨拉齐附近设置云中守捉使管辖此地。这一时期，敕勒川被称为白道川。

宋辽金元时期，土右旗境先后为辽、金、西夏、元朝的属地。辽时隶属于东胜州、云内州，金时隶属于裕民县、云川县。这一时期，白道川改称丰州滩。

明朝时期，阿勒坦汗统领十二土默特驻牧大青山南北地区，今旗境美岱召是其都城，成为土默川的政治、军事、经济、文化中心。今土右旗旗政府所在地“萨拉齐”，是蒙古语音译，汉意为“务奶食者”，是给阿勒坦汗供应奶食、奶制品的地方。这一时期，丰州滩改称土默川。

清朝时期，设土默特右翼旗、萨拉齐理事通判厅。雍正十二年

战国赵北长城遗址

（1734年），清廷在萨拉齐置协理笔帖式，办理当地蒙汉事宜。这是萨拉齐第一次在建制史上作为地名。同治四年（1865年），改设同知。同治七年（1868年），文山主持修筑萨拉齐城围，历时3年竣工。光绪十年（1884年），又改为抚民同知厅，其时所辖地域极为辽阔，有“萨拉齐的官，管得宽，远至包五陕（包头、五原、陕坝），近至土默川”的说法。光绪二十九年（1903年），划出所辖后套地归五原厅。

民国时期，沿袭清朝旧制，继续施行蒙汉分治政策，萨拉齐厅改为县治，称萨拉齐县，简称“萨县”。

1937年10月16日，日本侵略军占领萨拉齐县城，国民党萨拉齐县政府流亡。伪蒙疆联合自治政府成立，萨拉齐县被列入伪巴彦塔拉盟一等县。

1950年3月，土默特旗人民政府、萨拉齐县人民政府成立，旗县并存。1958年4月，撤销萨拉齐县建制，其所辖地区并入土默特旗。1969年1月，土默特旗分左、右两旗正式分署办公。原萨拉齐县中部地域归属土默特右旗，旗政府驻萨拉齐镇。至此，土右旗一地的地域基本定型。

七彩大地

历史人物与事件

HUASHUONEIMENGGUtumoteyouqi

历史人物与事件

LISHIRENWUYUSHIJIAN

“天野苍茫土默川，人杰地灵冠古今。”土右旗历史悠久，源远流长，钟灵毓秀，人才辈出，底蕴深厚，文化灿烂，多元文化在这里交相辉映。

赵武灵王与胡服骑射

赵武灵王是战国时期赵国历史上最富有远见卓识和开拓精神的君主。一次，在巡视赵国北境云中城（遗址位于今呼和浩特市托克托县）时，正逢赵军与林胡骑兵对战，武灵王发现：七国通用的战车、兵器和阵法，没有办法同以弓箭、短刀为主要兵器的林胡骑兵抗衡。武灵王认识到，将士穿着宽大的袍服，外面还套着甲胄，打仗时行动十分不便，而敌人的骑兵穿着窄袖和裤长及膝的胡服在赵国战车中灵活往来。他找到了克敌的法宝——以骑兵对骑兵，以灵活的弓箭和长刀来对抗胡人的弓箭和短刀。但做到这一切首先要移风易俗，从穿胡服开始。

服饰是中原七国与胡人的重要区别，而“胡服”在当时被视为蛮夷的标志。如何让保守的朝廷上下放下成见改穿胡服，成为摆在武灵王面前的一道难题。

一天，武灵王在苑囿召集文武百官狩猎，武灵王和亲兵们穿胡服，而百官们仍穿长衣宽服。狩猎场上，武灵王和亲兵们在林间自由穿梭，灵活地追逐猎物，不一会儿就满载而归。众大臣却因衣服太厚累得汗流浃背，鲜有收获。又过了几日，武灵王又命众文武大臣到演兵场观看阵法操练。武灵王训练的身着胡服、外披轻甲、手持长刀的骑兵，把使用传统阵法的军队打得落花流水，众大臣皆目瞪口呆。此后，大臣们逐渐开始接受胡服。在武灵王的大力推行下，胡服逐步取代了宽服长袍。

赵武灵王“胡服骑射”的故事发生地，就在阴山下的土默川一带。翦伯赞在《登大青山访赵长城遗址》中说：

胡服骑射捍北疆，英雄不愧武灵王。

邯郸歌舞终消歇，河曲风光旧莽苍。

望断云中无鹄起，飞来天外有鹰扬。

两千几百年前事，只剩蓬蒿伴土墙。

敕勒族与《敕勒歌》

敕勒是一个古老的民族，汉代史籍称作“丁零”；南北朝时期，鲜卑、柔然称之为“敕勒”，汉人称之为“高车”。

传说敕勒族“其先匈奴甥也”。匈奴单于生二女，被放在国北无人之地的高台上，由老狼守护。妹“下为狼妻而产子，后遂滋繁成国”。可见，他们与匈奴血缘上是近属，语言也“略与匈奴同而时有小异”（《北史·高车传》）。

敕勒族本居于贝加尔湖、安加拉河直到叶尼塞河上游的广大地区，汉朝以后，一些敕勒人进入中原地区。十六国时期，在黄河下游建立过一个短暂的丁零王朝，后被后燕所灭。北魏灭后燕，敕勒族遂归于北魏统治，有的逐渐汉化，有的逐渐鲜卑化。公元四五世纪时，漠北地区仍然生活着许多敕勒人，他们过着游牧生活。之后，北魏将之“皆迁置漠南千里之地”，即今内蒙古中西部地区。

敕勒人辛勤劳动，使漠南一带的畜牧业大为兴盛，并随着与农耕民族交流的逐渐增多，农业也有所发展，使漠南呈现出一派繁荣兴旺的景象。漠南地区当时主要为敕勒人聚居的地方，故人们把这一带称为“敕勒川”。当时留传下来的《敕勒歌》，正是描绘漠南一带畜牧业生产兴旺发达的情景，也是敕勒人勤劳豪放性格的真实写照。

史书中最早提到《敕勒歌》的是《北史·齐本纪》。东魏武定四年（546年）十一月，当时掌握军政大权的丞相高欢在玉壁（今山西稷山西南）与西魏交战失败，“是时，神武中弩，乃勉坐见诸贵，使斛律金唱敕勒歌，神武自和之，哀感流涕”。

宋人郭茂倩所编《乐府诗集》卷八六《杂歌谣辞》中收录了这首《敕勒歌》。自此，《敕勒歌》的流传越来越广。

“敕勒川，阴山下，天似穹庐，笼盖四野。天苍苍、野茫茫，风吹草低见牛羊。”这首《敕勒歌》是在敕勒族、鲜卑族、汉族文化交流中产生的璀璨明珠，至今流传了1600多年。

阿勒坦汗与美岱召

阿勒坦汗（1507～1582年），成吉思汗第十七世孙，是一位具有雄才大略、远见卓识且颇有建树的人物。一生的诸多作为对蒙古地区的政治、经济和文化都有很大的影响。在阿勒坦汗的经营下，土默特蒙古迅速强盛起来，一跃成为蒙古右翼三万户的中心，控制了东起宣化、大同以北，西抵甘肃青海，北抵大漠，南临长城的广大区域。阿勒坦汗依靠右翼各部盟主的有利地位，充分施展抱负，开创了当时漠南、漠北草原的统一局面。

阿勒坦汗为实现和平、各民族文化相融、各民族友好往来和睦相处、促进社会进步做出了不可磨灭的历史贡献。

阿勒坦汗和三娘子

大兴“板申农业”

阿勒坦汗时期，土默特蒙古的经济生活仍以牧业为主，辅以狩猎，农业、手工业不发达，且原材料匮乏，不能自给自足。为解决经济困难，阿勒坦汗以开放的胸襟接纳汉地的移民，收留和安排他们在土默特草原上耕地筑屋，发展板申农业。“板申”是蒙古语，房屋的意思，“板申农业”即定居种植，此举成为土默特蒙古单一牧业经济的重要补充。

与明朝建立和平互市

明蒙的长期对立，导致双方边衅不断，兵连祸结，两地人民苦不堪言，和平安定无法实现。阿勒坦汗强烈意识到，与明朝罢兵修好、通贡互市已是势在必行。从明嘉靖十三年（1534年）开始，阿勒坦汗向明朝频繁派出使者，表达通贡互市的诚意，奈何明廷一概加以拒绝，还屡次诛杀使者。阿勒坦汗愤而诉诸武力，于嘉靖二十九年（1550年）挥师攻入长城，直逼明朝京都城下，嘉靖帝准备迁都避难。尽管当时阿勒坦汗的雄师余勇足以攻下京城，但阿勒坦汗并没有这样做，只是向明廷提出通贡互市的和平建议，随后撤兵返回。这次以战求和的军事行动，史称“庚戌之变”。

明廷于次年答应在大同开设马市。后来阿勒坦汗要求在马市增加牛羊贸易，明廷拒绝并关闭了马市。从此，衅端复开，战争又持续了二十年。

明隆庆四年（1570年），阿勒坦汗的孙子巴汉那吉因家庭纠纷，率十余骑愤然降明。阿勒坦汗大为震惊，遂屯兵明边，索要爱孙。明朝内阁首辅大臣张居正指示守边将领王崇古、方逢时善待巴汉那吉，并派员与阿勒坦汗交涉斡旋。阿勒坦汗接受了明廷用投降蒙古的白莲教教徒赵全等人交换巴汉那吉的条件。

次年五月，阿勒坦汗赴山西边镇德胜堡接受了明朝加封的顺义王称号，与明廷达成通贡互市协议，史称“隆庆和议”。阿勒坦汗宣布了十三条和平条款，表明蒙汉两族世代友好，永不相犯，并与明朝商定建立东起宣府、西迄甘肃的十一处互市市场。

明朝内阁首辅大臣、大学士高拱慨叹道：“数月之间，三陲晏然，曾无一尘之扰，边民释戈而荷锄，关城息烽而安枕，自古希觏之事，而今有之。”通过互市，北方的经济和文化都迅速发展起来。1575年，阿勒坦汗建起库库和屯城，即今天的呼和浩特城，使这里成为土默特草原农业和手工业的中心。这种安定和发展的局面一直持续到明朝晚期。

重建蒙藏关系

元朝灭亡后，蒙古退回北方，蒙藏之间的关系随之中断。200多年后，阿勒坦汗于1559至1560年征服青海时，接触到不少西藏喇嘛，了解到一些藏传佛教的情况，并将一些西藏喇嘛带回蒙古地区。

十年后，西藏的阿兴喇嘛来到土默特地区，劝说阿勒坦汗邀请藏传佛教的黄教（格鲁派）领袖索南嘉措来土默特传授黄教教义。

1577年，阿勒坦汗在青海湖东南岸建立了察卜恰勒召（仰华寺），并于次年举行了盛大法会，迎请索南嘉措到寺。自此，阿勒坦汗正式接受了黄教，并将索南嘉措比作元朝皇帝忽必烈的帝师八思巴的化身，赠其“圣识一切瓦齐尔达喇达赖喇嘛”的称号，意为“无所不知、广博如大海的圣者”。索南嘉措追认了两世达赖，自己为达赖三世。索南嘉措称阿勒坦汗是忽必烈的化身，赠给他“转千金法轮咱克瓦尔第彻辰汗”尊号，意为“无所不能、天赋睿智的君主”。从此，藏传佛教开始在土默特蒙古草原上广泛传播。蒙藏关系因阿勒坦汗接受黄教而得以重建。

1582年，阿勒坦汗逝世后，其子黄台吉（都隆僧格）继承汗位，立即派人赴藏将阿勒坦汗的死讯通知了三世达赖索南嘉措。索南嘉措立即动身，亲临土默特，将已经土葬的阿勒坦汗按黄教仪轨重新进行遗体火化仪式，并将火化后的骨殖用珍宝金银制成的舍利塔在尼泊尔加以收藏和供奉。其余骨灰择吉地葬于美岱召北的宝丰山上，并建白塔一座作为纪念。

阿勒坦汗是蒙古族历史上出色的政治家、军事家和思想家，为蒙汉藏各民族的友好交往、文化交流和维护祖国统一做出了巨大贡献。

兴建草原城寺

美岱召建于1565年，初名“福化城”，俗称“大板申城”，由蒙古土默特部阿勒坦汗主持兴建，汉籍称土默特汗廷为“青山营”或“虏廷”。

美岱召的前身“福化城”是当时土默特蒙古的政治、经济、文化中心，也是阿勒坦汗的军事指挥中心。城池总体呈不规则正方形，占地面积6.25万平方米，城内总面积约4万平方米，四周筑有高厚的城墙。墙体用土夯筑，内外表层砌以石块，城门为拱形，上有重檐城楼。城墙上有堞口，四角各建哨楼一座，城墙顶端宽约2米，为调用兵力的通道和防守作战之地。

城内原有建筑21座，现存15座，主要建筑有泰和宫、西万佛殿、八角庙、大雄宝殿、达赖庙、太后庙、佛爷府、白马天神庙、泰和门等，其余都是清代以后的建筑。在城池的中轴线上，有三间重檐歇山顶两层楼，南厅北厅勾连一体，纵深43.7米，横宽23.2米，气

美岱召

美岱召壁画

势宏大，巍峨壮观，是议事厅。殿内20多米高的巨木圆柱一贯到顶，柱上用沥粉贴金绘制的五爪蟠龙，颇有皇家气派。大殿内的壁画，总面积1000多平方米，堪称精美绚丽的宗教文化、蒙古族礼俗文化博物馆。

阿勒坦汗去世后，达赖三世认定其已转生于弥勒佛身旁，遂将大雄宝殿内安葬阿勒坦汗骨灰的灵塔改成银制弥勒佛像。从此，阿勒坦汗陵寝改称美岱召。美岱、弥勒、迈达里均是弥勒的同名异译。美岱召还有“灵照寺”“灵觉寺”的称谓。清代称“寿灵寺”。

三娘子与呼和浩特城

三娘子是一位对明蒙关系产生重大影响，为维护明蒙休兵罢战和平局面做出了突出贡献的、著名的蒙古族巾帼英雄。

三娘子，本名乌纳楚，土默特蒙古部称“钟金哈屯”，意为“中宫夫人”。因为是阿勒坦汗的第三位夫人，故被称为“三娘子”。三娘子出生于青海卫拉特部蒙古贵族家庭，从小接受了良好的教育，不仅天生丽质，容貌娇美，而且能歌舞、善骑射。阿勒坦汗征服青海卫拉特蒙古后，卫拉特蒙古首领吉格肯阿噶为表示臣服，将自己的女儿乌纳楚送给阿勒坦汗做夫人。

阿勒坦汗于1568年迎娶乌纳楚至土默特福化城，时年阿勒坦汗62岁，三娘子19岁。在共同生活中，阿勒坦汗渐渐发现，这位貌美如仙的三娘子，熟知蒙古文，聪明过人，通晓兵略，料事精准，便在倍加宠爱的基础上，多了一层敬重，包括军国大事在内的诸多事务，都与之计议而后决策。三娘子婚后不久，就发生了阿勒坦汗的孙子巴汉那吉降明事件。三娘子力劝阿勒坦汗以和平方式平息事件，并于次年与明朝达成通贡互市协议，使明蒙边境互市空前繁荣起来。

三娘子主持兴建了比福化城（今美岱召）规模更大的“库库和屯”城（意为“青色的城”），即今呼和浩特市。建成后，明朝赐名“归化城”。为纪念三娘子这位为土默特草原做出杰出贡献的女性，也称呼和浩特城为“三娘子城”。

三娘子辅佐三代顺义王，为明蒙和平局面的形成与巩固做出了不可磨灭的巨大贡献。三娘子去世后，后人在美岱召内修建了太后庙。庙内供奉着三娘子画像，保存了她的发辫、梳子、腰刀、靴帽、盔甲等遗物。骨灰存放于庙内地窖中一座三米高的覆钵式檀香木纪念塔中，但“文革”中被毁。

2010年，是三娘子诞辰460周年。为了纪念这位为民族团结进步做出杰出贡献的巾帼英雄，旗委、旗政府研究决定，于2010年9月28日，在美岱召举行了三娘子骨灰安

三娘子礼佛图

放奉祀仪式，在太后庙地宫上方重新复制一座木塔，重新安放了三娘子骨灰。

四世达赖云丹嘉措与藏传佛教

云丹嘉措·巴布藏，四世达赖，藏传佛教格鲁派（黄教）达赖喇嘛中唯一的蒙古人。万历十六年（1588年），云丹嘉措出生于今土默特右旗美岱召南苏波盖村，系阿勒坦汗曾孙，黄台吉的孙子，苏木尔·岱青之子。

根据三世达赖索南嘉措圆寂时“我身后呼毕勒罕（转世灵童）从东方寻找”的遗嘱，土默特格鲁派喇嘛上层初步认定：云丹嘉措是三世达赖的转世灵童。为验证这一认定，云丹嘉措五岁时，由大喇嘛、高官、长亲及护卫千余人护送至三世达赖生前的坐床之所——呼和浩特席力图召。云丹嘉措就座于前尊者之法床，略述前辈尊者之行迹，并预言未来之事，众人无不称奇。西藏哲蚌寺庶务长帕勒丹·嘉措与西藏格鲁派达赖转世灵童认定权力部门——哲蚌、色拉、甘丹三大寺的高僧等，最终认定云丹嘉措为三世达赖的转世灵童，并赐法名为云丹嘉措·巴布藏，奉为四世达赖。

万历三十年（1602年），西藏的甘丹、哲蚌、色拉三大寺，派使者迎请14岁的云丹嘉措进藏。土默特部专门用一色白骆驼队驮了很多财物，派5000骑兵加以保护。云丹嘉措抵达甘丹寺时，受到策苏木·灵宝奇等大喇嘛的奉迎，由披有黄色袈裟之僧伽为前导，前往前尊者舍利塔见文殊主喇嘛（宗喀巴）之面，与大众善结法缘。

万历三十一年（1603年），云丹嘉措在热振寺举行坐床典礼，拜甘丹寺池巴根敦坚赞为师，受沙弥戒。这一年，他派遣麦达力活佛到蒙古地区主持教务。万历三十四年（1606年），麦达力活佛为美岱召弥勒佛开光，并驻锡美岱召，宣教传法。

万历三十五年（1607年），云丹嘉措前往后藏扎什伦布寺向四世班禅罗桑曲吉拜师求法，受比丘戒，并约请四世班禅到哲蚌寺。明万历四十四年（1616年），明王朝派喇嘛锁南罗堆与汉官多人，持金刚佛陀之号、职衣、职帽及法印入藏，赠予云丹嘉措并请莅京。云丹嘉措答应前往，但未成行，于同年十二月二十五日，在哲蚌寺圆寂，年仅28岁。云丹嘉措圆寂后，土默特蒙古部派代表赴藏，迎回云丹嘉措的心脏舍利，并在他的出生地建起白色佛塔。此塔与美岱召南北相望，是土默川胜景之一。此塔在“文革”中被毁坏。

文山与萨拉齐

同治六年（1867年），在萨拉齐理事通判厅同知文山的主持下，萨拉齐首建城池。文山，满洲镶白旗人。他于咸丰元年（1851年）出任萨拉齐厅通判。文山在朝颇有政声，在民间威望很高，还两次出任萨拉齐厅最高行政长官，是萨拉齐百姓心目中的好“父母官”。

文山第二次赴任时，逢陕甘回民起义。为防止流民的袭扰，保一方平安，文山亲力筹备，躬身劳动，于同治八年（1869年）开始修筑萨拉齐城垣围堡。历时三年，工程告竣。

城垣厚实古朴、坚固，周长九里有余，高达两丈，基宽丈二，顶宽八尺，上设五尺五寸的女儿墙，墙上有三千六百个垛口，炮垒次第排列。城门有四，东曰泰来，西为定远，南称永清，北谓磐安。城门上城楼高筑，威严逼人，雄踞一方，统领山河。城垣上还另辟水闸两个，晴来紧闭，雨至泄水。

文山之举，大得民意，从此“商贾皆安于市，鹅鹤不惊，鸡豚皆息”，百姓安居乐业，政事畅通。

从晚清到民国，萨拉齐的城中具有标志性的建筑有清代建成的萨拉齐清真寺、月明楼、功德牌坊及沿主街两边排开的商家店铺，民国时期的萨拉齐县公署、县立女子小学、耶稣堂、邮政局、工会堂（日伪时称“聚乐部”）、县直图书馆（县立民众教育馆）、火车站等。以上这些建筑，现已损毁或拆除新建，均不复存在。

萨拉齐镇全景

都格尔扎布与《蒙文四书集注》

都格尔扎布（1856~1927年），蒙古族，云硕布氏，咸丰六年（1856年）生于美岱召一个蒙古族家庭。都格尔扎布的先辈世代施药、采樵、务农。由于家境贫寒，他很小就开始参加农业劳动。

青少年时代的都格尔扎布聪颖好学，于劳动之暇，常到美岱召向喇嘛师傅学习蒙古族历史、语文、医药等知识。经过几年努力，他掌握了蒙古文。18岁时，都格尔扎布瞒着家人，偷偷乘坐本家族叔的煤车到归绥，托亲友推荐，进入土默特启蒙书院学习。

在书院，都格尔扎布熟练掌握蒙古、汉、满语，毕业时被评为优等生，被土默特衙署录用为笔帖式。由于精明干练，忠于职守，40岁时被提升为骁骑校，未隔多久，又被提升为公中佐领。光绪二十五年（1899年），都格尔扎布因政绩卓著，官声颇佳，被绥远都统亲授“文略武功”匾以示奖掖。

1912年，都格尔扎布建议成立包头蒙民生计会，绥远都统马福祥批准，都格尔扎布兼任第一任会长。1923年，都格尔扎布建议把南海子渡口的税收和生计会的手续费收入结余款项作为办学经费，在包头召院建立了土默特旗第五小学。

都格尔扎布曾纂修上起元、明下迄清光绪年间的《土默特志略》，虽然没有付梓刊行，但其中的不少资料后来被高赓思总纂的《土默特志》和《归绥道志》吸收选用。后来，都格尔扎布以采编和翻译的身份参与了《绥远旗志》的纂修工作。晚年著述《蒙文汇通》36卷，详析蒙古文的文法及其运用，此外，还用蒙古文翻译了《四书集注》的小注，名为《蒙文四书集注残本》。当时都格尔扎布已翻译完《论语集注》《大学集注》，正翻译《中庸集注》时，患病不起。1927年农历六月二十一日，病逝于归绥，当其灵柩返回美岱召村时，沿途所经村的父老乡亲无不挥泪迎送。

土默特辛亥革命三杰：云亨、经权、满泰

云　亨

云亨(1884~1926年)，字嘉惠(一作“嘉会”)，蒙古族，近代资产阶级革命者。光绪十年（1884年）生于今土右旗水涧沟门镇后湾村。少年家贫，先在本村私塾读书，后到包头读书。光绪二十八年（1902年）入归绥中学堂第一班，3年后毕业。光绪三十年（1904年），经王建屏介绍，加入同盟会，投入了宣传共和、推翻帝制的斗争。

云亨

1910年，云亨考入北京殖边学堂，次年回内蒙古筹划武装起义。他在萨拉齐、包头一带奔走联络，进行起义的准备工作。

1911年，阎锡山率部攻占包头，云亨到包头跟阎联络，阎派云亨返萨拉齐策动响应。12月，同盟会中央任命云亨为绥远将军，同时命革命军东进。途经刀什尔村时，革命军遇清军阻击，统带王家驹被击毙。阎锡山遂改变进攻归绥的计划，和云亨等取道托克托县返回山西。

同年，冯玉祥请云亨赴京共商组织国民军，预定由云亨成立第五军。1926年2月，云亨随胡景翼部到河南。在胡部击败阚玉昆部进驻洛阳的当晚，云亨到西关外察看地形时，身中流弹身亡，时年43岁。

经权

经权（1883~1818年），字子衡，蒙古族，光绪九年（1883年）出生于萨拉齐厅美岱召村。幼年，在私塾读汉语10年左右，有相当深厚的汉文基础。19岁时，辍学参加农业劳动，后被村民推荐为塾师。因与进步青年云亨、巴文峒接近，读了许多康有为、梁启超的著作和同盟会的秘密刊物，萌发了反封建思想。光绪三十一年（1905年），经云亨引荐，经权结识了同盟会骨干王建屏，并被吸收为同盟会会员，成为内蒙古西部地区最早加入同盟会的蒙古人之一。

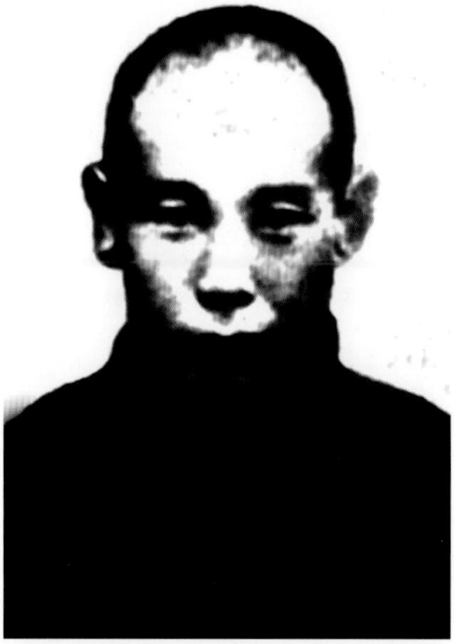

经权

辛亥革命爆发后，经权被推为萨拉齐厅咨议局议员，代表同盟会开展工作。不久，阎锡山率部北上，攻占了包头，经权与从监狱中释放出来的500多人组成了“敢死队”，经权任管带。12月，同盟会任命经权为归化城都统。

阎锡山撤回山西时，经权随军抵晋。民国初年，经权在山西忻州为阎锡山训练军队，后调任太原警察筹备处主任。不久辞职回乡，以务农为掩护，奔走于北京、上海从事讨袁活动。经权回乡以后，用阎锡山送给他的钱修了通往美岱沟的公路。

1914、1915年，经权积极投入倒袁斗争。绥远都统下令捉拿经权。不久经权被捕，袁世凯死后获释。不久，经权赴北京在陆军讲武堂任少校差遣员。经权无心干此闲散职务，便告病返回家乡美岱召村。1918年病逝，时年35岁。

满　泰

满泰（1883~1934年），字子舒，蒙古族。幼年曾在私塾读书10年，通晓四书五经。光绪三十三年（1907年）加入同盟会，与萨拉齐地区的同盟会会员云亨、经权等密切配合，与地方上的落后腐朽势力进行英勇斗争。

宣统二年（1910年），他被推为萨拉齐厅咨议局咨议员。

1914~1916年，满泰任萨拉齐、武川两县警备队队长。因积极参与绥远有识之士反对都统蒋雁行之事，被绥远都统缉捕，后躲避至青海、湖北、山东等地。

1915年，袁世凯酝酿称帝，满泰提出了“绥人治绥”的口号，并且同同盟会经权等人策划开展倒袁斗争，他联络萨县五区民团团长安祥、萨县教育科科长刘会文以及同盟会会员云亨等人发动当地警备队、矿巡队、地方民团等200余人举事起义。

1917年初，起义部队在毕克齐镇北大青山黑牛沟中不慎被军阀马德润部包围，部队伤亡惨重。

1921年春，满泰任绥远骑兵补充团副团长，驻防萨拉齐、包头一带。1925年，该团改编为绥远暂编骑兵第三团，满泰任团长。1926年，该团扩编为师，满泰升任师长，驻防绥西一带。

1928年，他就任土默特旗总管。1929年，蒋、冯、阎大战时，蒋曾派人携巨款，诱满泰召集旧部，在绥远发起军事行动，以牵制阎锡山。满泰将巨款如数退回。

自清乾隆二十六年（1761年）以来的150多年间，满泰是首任土默特旗籍蒙古族主政长官。在主政土默特旗期间，满泰在吏制、整顿甲佐、徭役等方面，为保护民族和地方利益做出了重大贡献。

1934年，满泰病逝，终年52岁。

李井泉与大青山抗日根据地

李井泉(1909～1989年)，江西省临川县人，1930年加入中国共产党。长征中，先后在一、四、二方面军工作。抗战全面爆发后，任八路军一二〇师三五八旅副旅长、政委。1938年秋，奉中央命令，李井泉率八路军抗日支队赴今土右旗境内的大青山地区，与该地区的蒙汉骑兵游击队一起开展游击战争。时任支队司令员兼政委的李井泉，带领部队与日伪军展开艰苦卓绝的斗争，转战于归绥、包头山区，粉碎了敌人15次大规模的“扫荡”和围攻，为大青山抗日根据地的建立和巩固，为抗日战争的胜利立下了战功。

1937年秋，日本帝国主义侵占华北，内蒙古很多地方也相继沦陷。根据党的指示，共产党员杨植霖、贾力更、高凤英、刘洪雄等组织当地一些爱国青年，成立了一支抗日游击队。当时游击队的力量很薄弱，战斗打得十分艰苦。

正值游击队面临困难之际，1938年7月，贺龙率领的八路军一二〇师调出一部分官兵，奉毛泽东“在平绥路以北沿大青山山脉建立游击根据地甚关重要”的指示，由李井泉、姚喆带队，穿过敌人的

巴总尧村李井泉司令部旧址

重重封锁来到大青山，与当地抗日游击队会师，正式组建了大青山支队，并在大青山建立了抗日根据地。游击队在当地组织开展行之有效的宣传动员活动，多次反击日寇，并与敌人展开了顽强的斗争，在土默特地区播撒了革命的火种。李井泉八路军抗日根据地司令部就设在今九峰山管委会巴总尧村魏家大院，旧址犹存，现已辟为红色旅游景点。

解放战争时期，李井泉担任晋绥军区第二十兵团政委、入川南下支队政委，先后领导和指挥过晋绥地区的土地革命、绥包战役以及进军西南的战斗。此后一度与邓小平、贺龙一起，为西南地区的革命与建设事业做出了积极贡献。

中华人民共和国成立后，先后担任四川省委第一书记、省军区第一政委、中共西南局第一书记兼成都军区第一政委、第八届中央政治局委员、第三至五届全国人大常委会副委员长、中顾委常委。

1982年8月退居二线。1989年病逝于北京，享年80岁。

王经雨与萨县抗日游击队

王经雨（1911～1981年），原名王景玉。1911年5月出生于土右旗美岱召镇河子村。小时候常听母亲讲《三国演义》《水浒》《岳飞传》等故事，见到不公道的事爱打抱不平。见到穷人遇难，他常拿自家的钱、粮、物品予以接济，深得邻里乡亲赞誉。1928年9月，王经雨入中山学院学习。

萨县抗日游击队纪念址

1937年10月16日，日本侵占萨拉齐县。为了抗击日寇，拯救民族危亡，1938年秋，遵照党中央、毛主席的指示，李井泉、姚喆率八路军2000余人从晋西北挺进大青山，开辟敌后抗日根据地。

1939年3月，王经雨加入中国共产党，为表示自己的决心，将原名王景玉改为王经雨，意思要经受斗争风雨的考验，将自己锻炼成坚强的革命者。

1940年初，党组织决定成立大青山抗日游击队（萨县抗日游击队），王经雨任队长。游击队建立后，采取灵活机动的战略战术，打击敌人，组织群众，宣传抗日，成立了农会、妇救会、担架队等组织，受到人民群众的拥护。

1942年秋，日寇调集近万人的兵力，向大青山革命根据地围攻。王经雨带领的游击队凭借地形熟、道路熟的有利条件，与敌人迂回周旋，巧妙牵制和消耗了敌人的有生力量。

从1940年成立到1945年日本帝国主义投降，王经雨领导的萨县抗日游击队，一直坚持在抗日斗争的最前线，先后打胜了柳树淖、黄土尖、东老藏、陶思浩、纳令沟、察素齐等三十多次较大的战斗和不计其数的小战斗，给敌人以沉重打击，为抗日战争的胜利做出了积极贡献。

1945年10月，萨拉齐解放，王经雨任萨拉齐县县长。1949年2月，任萨拉齐支队副政委。同年11月，任包头军分区政治部主任兼党委副书记。1954年，任乌盟军分区副政委兼中共乌盟盟委书记处书记。1955年，被国防部授予上校军衔。1956年转业到地方工作，历任乌兰察布盟（今乌兰察布市）委书记、内蒙古干部文化学校党委书记、内蒙古党校党委副书记等职。1981年病逝，享年70岁。

云继先与百灵庙抗日武装暴动

云继先，蒙古族，1907年出生于今土右旗沟门镇后湾村。其父云亨，是内蒙古西部地区颇有影响的旧民主主义革命者。辛亥革命后，袁世凯称帝，云亨回到老家沟门庙湾办学教书，传播进步知识。云继先从小受父亲影响，少年时便胸怀大志。

1919年，土默特高等小学秋季招生时，以官费形式招录一批土默特蒙古族少年，云继先与乌兰夫、多松年、奎璧等即在其中。

1923年，云继先、乌兰夫、奎璧、多松年、云润等39名蒙古族学子，一起到北平蒙藏学校求学。

云继先于1924年加入社会主义

青年团，1925年底入黄埔军校（第四期）。黄埔军校毕业后，先后在国民革命第六军、第一军任职。在北伐战争中，以勇猛善战闻名。

1932年秋，应德王之邀，云继先从南京军政二校到“蒙政会”任职。当时，云继先任队长的蒙古干部学生队是一支由蒙古族青年组成的队伍，成为日后百灵庙暴动的积极参与力量。

1934年4月，在德王的主持下，“蒙古地方自治委员会”在百灵庙成立，云继先任保安处第二科科长。保安处所辖的保安队，是蒙政会的主体军事武装。

1935年，在乌兰夫的策划下，在傅作义的支持下，确定了百灵庙暴动方案和策应计划。

云继先

百灵庙起义纪念碑

“蒙政会”保安队一千余人，在云继先的带领下，宣布脱离德王领导的“蒙政会”，加入抗日行列。百灵庙抗日武装暴动，是绥远抗战的序曲，成为中华民族团结共御外侮的范例，彪炳史册。抗日武装暴动的领导者云继先，在民族危亡之际挺身而出，高举爱国抗日大旗，谱写了可歌可泣的英雄篇章。

荣祥与《绥远通志稿》

荣祥（1894～1978年），字耀宸，蒙古族，云硕布氏，土右旗美岱召村人，生于光绪二十年（1894年）。其父都格尔扎布，曾任土默特右翼六甲参领。荣祥是都格尔扎布第四子，自幼聪颖好学，喜爱四书五经、唐诗宋词。

荣祥早期笔名塞翁，晚年自号大青山人，著作甚多，被誉为“塞北文豪”。

中华人民共和国成立后，荣祥历任绥远军政委员会委员、绥远省政府民族事务委员会副主任、土默特旗旗长、绥远省文史研究馆馆长、呼和浩特市副市长等职。可在这些众多的职务和头衔中，荣祥最喜爱的还是绥远省文史研究馆馆长的职务。

2007年，内蒙古人民出版社出版大型地方志图书《绥远通志稿》，全书四百万言，有省域、要隘、各县局及盟旗等二十二幅舆图。上起公元前307年，赵武灵王胡服骑射，下迄1935年，记载了绥远这片土地上2242年的风云际会和历史沿革。

一百卷的史书，编撰时间长达七十余年，历几代人之手，数次遭遇兵火离乱，在内蒙古自治区成立

荣祥

六十周年之际付梓。在此之前，有过一段历经波折的传奇经历，荣祥就是这段经历的见证人和伴随者。

《绥远通志稿》的编纂始于1931年。当时，绥远省政府主席李培基决定编撰一部绥远史书，便向当地名流郭象汲询问能担此重任的人。郭象汲毫不犹豫地推荐了荣祥。接到好友郭象伋和李培基的邀请后，荣祥当即决定出任《绥远通志稿》的编撰主任。

历时六年的辛勤工作，《绥远通志稿》于1937年完成初稿，共一百二十卷，四百余万字。当时已任绥远省政府主席的傅作义特派荣祥携稿到北平请傅增湘先生进行审订。不久，抗战爆发，初稿没来得及带回，留在了傅增湘住所的“藏园”。

1938年，日军攻占绥远后，得知《绥远通志稿》的撰修情况，立即派人威逼傅增湘，令其尽快修编出版。日军看到书稿成形，喜不自胜，随即将全稿运往东京，并交由东亚文化研究所影印出版。刚出版的书稿还未来得及让人们欣赏，便在1945年的东京轰炸中悉数损毁。

抗战胜利后，绥远省政府十分关心《绥远通志稿》的下落，于1946年1月，将原存放于傅增湘先生藏园的“蓝格缮清本”志稿运回归

绥，但书稿中的七卷包括地图、金石拓片等已散失。后几经辗转，幸存的书稿移交内蒙古图书馆收藏。

中华人民共和国成立后，内蒙古自治区政府鉴于《绥远通志稿》对地区经济、文化建设的重要意义，令内蒙古图书馆联合内蒙古语文历史研究所、内蒙古文史馆等部门重新修订出版《绥远通志稿》。时任内蒙古文史馆馆长的荣祥等人对书稿进行了逐卷校阅。

1965年夏，《绥远通志稿》再次誊清告竣。

1970年，荣祥等人再次对书稿进行修补，将全稿合为一百卷，并准备付印，但仍未能出版。

此后又几经波折，如内蒙古文史馆馆员刘映元、王学愚等人对《绥远通志稿》进行了修订，但还是没有成书。

2004年，《绥远通志稿》出版一事再次被提上日程。在有关领导的支持下，组织专家组再次对书稿进行恢复和补缺。

2007年，《绥远通志稿》由内蒙古人民出版社出版。全书分为十二册，翔实记述了土默川大地、绥远古城两千年来的历史变迁。

云双羊与二人台

云双羊（1857～1928年），男，蒙古族，出生于古雁村，是二人台艺术界公认的二人台的创始人。云双羊自幼酷爱音乐，从少年时期就经常参加土默特一带的“打坐腔”。他精通扬琴、四胡、笛子（枚）等乐器，在演奏中将蒙汉民族的音乐元素结合在一起，使二人台牌子曲音乐更富有表现力，且舞台演出技艺高超，多有创新。

二人台是三个“融合”的产物：是蒙汉民族文化，特别是两个民族音乐文化长期融合的产物；是塞上文化同移民文化融合的产物；是内蒙古西部地区民间音乐、民间文学和民间舞蹈融合的产物。

二人台在土右旗的形成，可以追溯到16世纪中叶阿勒坦汗时期“板申农业”移民、清中期以后

云双羊塑像

的生计性移民。这期间，晋、陕北部等地区的农民移居土默特草原，带来了很多民间艺术。这些艺术与土默特草原蒙古族的“蒙古坐唱”艺术逐渐融合，出现了一种自拉自唱、自娱自乐的清唱形式，被称作“丝弦坐腔”，蒙汉双语交替演唱的形式则被称为“风搅雪”。

清光绪年间，二人台的创始人云双羊，从“打坐腔”这一艺术形式创造了二人台化妆表演艺术形式。当时的表演形式比较简单，化妆只是涂胭脂抹粉，服装大都是红袄绿裤，道具只有手绢、折扇和霸王鞭，乐器是枚、四胡、扬琴和打击乐、四块瓦、梆子。由于演员只有两个，分扮一丑一旦或者扮成两个小旦，因此群众管它叫“二人台”。代表作有《阿拉奔花》《喇嘛苏》《海莲花》等，也有一些歌舞节目，如《红云》《十对花》《十样锦》《庆寿》等，其中蒙古曲儿有《森吉德玛》《大青马》等。有的歌词失传，曲调便成为二人台“牌子曲”。

中华人民共和国成立后，二人台获得了新生：被请进中南海，在怀仁堂为中央首长演出并受到肯定和表扬；也曾参加赴朝鲜慰问中国人民志愿军和朝鲜人民军演出；还获多项国家级大奖，并登上世界顶级的音乐殿堂——维也纳金色大厅演出。

2011年，土右旗被国家文化部命名为“中国二人台文化艺术之乡”。

韩燕如与《爬山歌选》

韩燕如（1913～2003年），原名韩尚宽，笔名劼子。土右旗双龙镇双龙村人，汉族，中共党员。16岁时，随祖父到双龙村定居，以兽医为业。

1933年2月，参加绥远省反帝大同盟，被国民党反动派以“宣传赤化”“危害民国”的罪名判刑。他在绥远监狱中认识了王若飞，深受其教诲。

1937年2月，韩燕如到太原参加山西省牺牲救国同盟会，入军政训练班第七队。同年，光荣加入中国共产党，随即被派往雁北右玉县任牺盟会特派员。9月，任牺盟会岢岚中心区委会宣传部部长兼牺盟会中心区游击支队政治部主任。

1938年1月，一二〇师部队收复宁武，韩燕如任宁武县牺盟会特派员。8月，任牺盟会岢岚中心区委会河曲、保德、偏关巡视员。11月，任雁北牺盟会边委会宣传部部长兼《战斗生活报》主编。

1940年，任雁北右玉县委宣传部部长兼右玉县抗联主任。

1946年，任集宁中学教导主任。中华人民共和国成立后，先后任包头市文教局副局长、政策研究室主任。后来，被调往绥远省文联筹委会。

韩燕如深入乡野八年，收集了数万首山歌，并从中筛选出3万首爬山歌编著成书——《爬山歌选》，由人民文学出版社出版。

1958年，韩燕如受到毛泽东主席的接见。同年，编著出版了诗集《山歌有余韵》。

1984年6月，韩燕如离休。2003年病逝，享年90岁。

埃德加·斯诺与“人生觉醒点”

埃德加·斯诺，1905年7月11日生于美国密苏里州堪萨斯城。毕业于密苏里大学新闻系，为美国新闻记者、作家。

斯诺曾任欧美多家报社驻华记者、通讯员。1933年4月至1935年6月，兼任北平燕京大学新闻系讲师。1936年6月，斯诺访问陕甘宁边区，采访过毛泽东、彭德怀、徐海东、左权、聂荣臻、程子华等红军领导人，写了大量通讯报道，成为第一个采访苏区的西方记者，并于1937年10月在英国伦敦公开出版《红星照耀下的中国》（《西行漫记》）。在新的思想基点上，他发表的《西行漫记》在相当程度上澄清了混浊的舆论和被歪曲的真相，匡正了许多人的偏颇，让更多的人看清了时代的发展方向，在中外进步读者中引起极大轰动。

抗日战争爆发后，又任《每日先驱报》和美国《星期六晚邮报》驻华战地记者。1942年离开中国。中华人民共和国成立后，他曾三次来华访问。第一次是1960年6月，他在北京见到了毛泽东等领导人，还来到北京大学（北京大学搬到了原燕京大学校址）见了师生及当年友人。这次访问长达5个月。第二次是1964年。第三次是1970年秋天，他和夫人一起来到中国，并于10月1日在天安门城楼上和毛泽东亲切交谈。随后，斯诺发表了《我同毛泽东谈了话》《周恩来的谈话》等文章。

埃德加·斯诺1928年来华时，曾在土右旗境内游历，实现了人生的第一次“觉醒”。1929年夏，正当萨拉齐地区遭受天灾人祸的时候，斯诺到萨拉齐采访，目睹并真实报道了萨拉齐一带人民的生活惨状，揭露了当时社会的黑暗。他将萨拉齐描述为他“一生中一个觉醒的起点”。这个觉醒点，改变了他的人生旅程。

斯诺的笔下是这样描述当年的萨拉齐的：

“出国头一年底，我离开家乡已相当遥远了。我到了戈壁滩南面的小城萨拉齐。在中国西北那个地方，我目睹了成千上万的儿童死于饥荒，那场饥荒最终夺去了五百多万人的生命。这是我一生中一个觉醒的起点。

“我们正走在萨拉齐死气沉沉的大街上。许多街道两旁挤满快要饿毙的男女老幼，他们有的坐在房屋的门口，有的坐在街边石上，有的坐在残垣断壁上，有的无力地躺在小沟里。

“有一个灾民尤其可怜。他大约二十八岁，一眼看去就可以知道他原来是个壮汉，可现在却瘦得像个幽灵。……灾民们衣着褴褛，他们能使数不清的碎布挂在身上，形成一件衣裳。

“我们在另一个地方看到了我一生中未曾见过的最令人心悸的场面：一个不到六岁的男孩，坐在一个可能已经死亡或者正值弥留之际的老人身旁。男孩……推着老人的一侧身躯，使尽他那瘦小而又扭曲了的身体内部的全部力气，拼命向他父亲叫喊，要他坐起来说话。”

斯诺将一个真实的旧中国时期悲惨的饿殍遍野的萨拉齐展现于世人面前，让世人了解到当时一个真实的中国西北小镇。

1992年，土右旗政府在萨拉齐镇大北街小公园内塑了一座埃德加·斯诺的半身雕像，名为“觉醒点”，以缅怀斯诺先生。这个小公园是1929年萨拉齐瘟疫流行时抛尸之处，斯诺在这里目睹了当时的惨景。

《觉醒点》雕塑

遗址与文物

HUASHUONEIMENGGUtumoteyouqi

遗址与文物

YIZHIYUWENWU

亿万年，千百代，在这片古老的土地上，先民在劳动生活实践中创造出令人叹为观止的物质文明和精神文明成果，这种奋发进取的精神薪火相传。

历史遗址

新石器时代遗址

威俊遗址，位于沟门镇威俊村北忽洞沟口东侧的三个毗连的台地上。东边的台地呈不规则的长方形，地势平坦，高出山脚地面约65米，面积约1.8万平方米；西北、西、南、东缘残存围墙石基约270米；东半部有土石结构的祭坛遗址3座；西北隅有用石头砌筑的正方形房屋基础1间。中间的台地北高南低缓坡状，平面为扇形，面积约8000平方米，高出山脚地面约60米；东、西、南边缘有曲直不一的围墙遗址；西南隅有土石结构的祭坛遗址1座，东南隅的斜坡上尚存5座房屋的石砌基础。西边的台地呈扇形，面积约1.2万平方米，高出山脚地面约60米；台地东、西、南缘有石砌的围墙基址，东南隅留一豁口；台地的斜坡及顶部尚存10多座房屋石砌基础；在顶部房基前，自北向南尚存7道护坡墙遗迹。

哈只盖遗址，位于沟门镇哈只盖村后清水沟西侧的柏树坡上，台地平坦，呈葫芦形，东西最宽处约150米，南北约40米，高出山下地面约60米。遗址有房基10多间，每间东西长5米、南北宽4米，基宽0.6米，用石块错缝平砌。

阿刀亥遗址，位于沟门镇阿刀亥沟口东侧大青山台地上。遗址共有两处。一处高出山前地面约70米，面积约1万平方米。其西部有护坡石基3道，长分别为20、20、26米，基宽0.8米；台地前有1间房屋石基。另一处分布在一个狭长平坦的台地上，东西长10～15米，南北宽约80米，有依地形砌筑的围墙石基约130米，有房屋石基1处。

后湾遗址，位于沟门镇后湾村龙滚沟西侧的大青山台地上。遗址有两处，呈南北向葫芦状，高出山脚地面50～85米，东西长30～130米，南北宽约160米，文化层厚0.6米。前台地边缘有长400米，宽约1米的围墙基一段；中部偏北有长110米，残高0.8米，基宽0.7～1米的护坡墙基一段。东台地的地形、地貌、高度等，均与西台地接近。东边缘有长40米、宽0.8米的石砌围墙基一段，中部的东、西、南三面各有一段石砌围墙基；前部东南隅有房屋2间，每间东西长5.5米、南北宽4.5米，离房基北1米多的地方有外径5米、内径2米的圆形石基圈2处。

马留遗址，位于沟门镇马留村后马留沟口西侧大青山南麓台地上。台地北高南低，呈缓坡状，高出山脚地面50～80米，面积约102万平方米。遗存比较丰富：有可辨认的房屋石基数间，西缘、南缘有依地形砌筑的围墙石基数段，文化层厚0.3～0.7米。

九峰山林场遗址，位于九峰山林场北500米处枣沟两侧的台地上。西侧台地高出山脚地面10~40米，东西长70~80米，南北宽30~40米，北高南低。前部南缘有长80米、基宽0.8米的围墙基一段，后部东北角有直径25米的石圈1个。东侧台地平坦开阔，高出地面6米，东西长120米，南北宽135米，呈方形。

沙兵崖遗址，位于沟门镇沙兵崖村大狼窝沟口东侧的大青山南坡第一台地上，东西长约50米，南北宽约80米，高出山脚地面约50米，文化层厚0.5米左右。

纳太遗址，位于沟门镇纳太村北约600米处的大青山台地上，遗址有2处。母花沟口西侧台地呈倒葫芦形，东西最长约40米，南北宽约50米，高出山脚地面约50米。纳太沟口东侧台地平坦开阔，东西长60～100米，南北宽40～210米，高出山脚地面约70米。

美岱召新石器遗址有2处。一处位于美岱召村西北1200米处的干沟口东侧大青山台地上。台地呈不规则长方形，东西长约50米，南北宽约60米，高出山脚地面约60米。台地中部偏东有房基2间，一间东西长7.5米、南北宽4.5米，一间东西长4米、南北宽7米，均为错缝平砌，基宽0.4～0.6米。另一处坐落在美岱召东北美岱沟口东侧的大青山前台地上，面积2800平方米，高出山脚地面约80米。

芦房沟遗址，位于美岱召镇芦房沟村喇嘛沟口西侧的大青山前台地上，呈扇形，面积2400平方米，高出山脚地面约40米。遗址南部边缘有数道不规则的护坡墙基。

水洞沟沙湾子遗址，位于水洞沟纵深3000米处的西侧台地上，台地西高东低，呈缓坡状，高出沟底约70米，面积约1.2万平方米。

战国赵长城遗址

公元前300年，赵武灵王修筑了用于抵御北方游牧民族入侵的军事防御工事——赵长城。赵长城从今土默特左旗进入旗境，沿大青山南坡西行。至今，旗境仍残存许多烽燧和土垅。

美岱桥村西北小狼窝沟口西侧的大青山脚下，矗立着一座用黄土夹砂夯筑的烽燧。这座烽燧现为一圆锥形土丘，残高5米，基东西长18米、南北宽14米，夯层厚0.05～0.1米，烽燧北端与一段60米长、2米宽、残高0.2米的长城石基相连。

沙兵崖村北的大青山脚下，矗立着一座与小狼窝沟烽燧遥遥相望并相类似的烽燧。残高4米，基东西长14米、南北宽17米，夯层厚0.1～0.22米，烽燧东边有一段100米长、残高0.60米的长城石基。

哈只盖村东朝阳洞沟口东侧的大青山脚下，有一道长约500米的黑色土垅，中间被山洪冲开的一段截面，显露出用黄土夹砂夯筑的痕迹。基宽4米，残高2米，夯层厚0.07～0.12米。

赵长城烽燧遗迹

水洞沟门村东北的大青山脚下也有一道长约100米的黑色土垅，山洪冲开的一截面上显露出黄土夹砂夯筑的痕迹。基宽4米，顶宽2.5米，高2.2米，夯层厚0.08～0.12米。

水洞沟门村北水洞沟东侧台地上，残存一座烽燧。烽燧残高5.5米，基东西长6米、南北宽5.5

米，夯层厚0.12~0.27米，以石作基础，上面用夹砂黄土夯筑，内心直径2.5米，外圈厚1米，并夹杂辽金时瓷片。由此判断，此烽燧不是一次构筑，外层为金代补修。烽燧南脚下，有一道5米长的石阶；烽燧东脚下，有一间石砌房基，东西长4.5米，南北宽3.75米，基宽0.6米。

汉代东老藏古城遗址

该遗址位于苏波盖乡东老藏营村北，东西长约750米，南北宽约750米，呈正方形，现残留400米长的一段北城墙。这座古城为汉代云中郡的咸阳县故城，咸阳因其地在阴山之南、黄河之北，山水皆向阳而得名。

金元遗址

三道河古城遗址，位于双龙镇三道河村、武乡县营村、路三圪堆村、太平庄村之间的一块开阔平地上。遗址东西长约2000米、南北宽约2000米，面积4平方公里。开渠时曾掘出宋代元丰通宝、元代大元通宝等铜钱。

西营子古城遗址，位于美岱召镇西营子村南750米处，呈方形，占地12万平方米，现仅存部分西墙。文化层堆积1.6米，遗物甚多，城外西北角有墓群。

大袄兑古城遗址，位于萨拉齐镇大袄兑村东约1500米处，占地1万平方米，文化层堆积1米左右。

羊塔子古城遗址，位于九峰山管委会羊塔子村北100米处黄土坡上，东西长150米，南北宽200米，面积3万平方米。

屋城梁古城遗址，位于九峰山管委会屋城梁村，东西长200米，南北宽250米，面积5万平方米，文化层堆积0.9~1.5米。南部有一条东西走向的石砌墙，长11米、宽0.8米。

古墓葬

水涧沟门战国匈奴墓，位于水涧沟门村东约500米的大青山南麓山脚下，为竖井土坑墓，墓底深1.5米，是战国时期匈奴族的墓葬。

萨拉齐北魏墓，位于萨拉齐镇北约2公里处的田野上，为长斜坡墓道的单室砖墓。墓室呈四方形，四壁中间略向外弧，南北直径3.08米，连接南墓道口的墓门墙残高2.64米，用素面长条砖横放错缝垒砌。墓门为券门，半弧券门的外边有一层四方变形砖。从出土的遗物、墓室的结构以及牲殉习俗等判断，此墓为北魏晚期之墓。

历史文物

石　器

石斧，采集自九峰山新石器遗址，为青褐色坚而重的石英闪长岩制成，长26厘米，宽8厘米，厚6厘米，椭圆体，窄首弧刃，两面刃，

石斧

通体磨光。

削割器，采集自威俊新石器遗址，为灰岩打制而成，半圆形扁平体，三面有刃，直径12厘米。

削割器

石铲，采自纳太新石器遗址，系片岩打制而成，扁平体，长方形，刃部略呈弧形，略经修磨，腰部略凹。

石铲

石磨，大袄兑元代遗址出土，圆形。上扇磨面凿有多道凹沟，直径36.5厘米，厚5.8厘米，磨面中心凿有一圆孔，孔径2.8厘米。下扇磨面凿有多道凹沟，直径32厘米，厚5.9厘米，磨面中心有一正方形孔，边长5厘米。

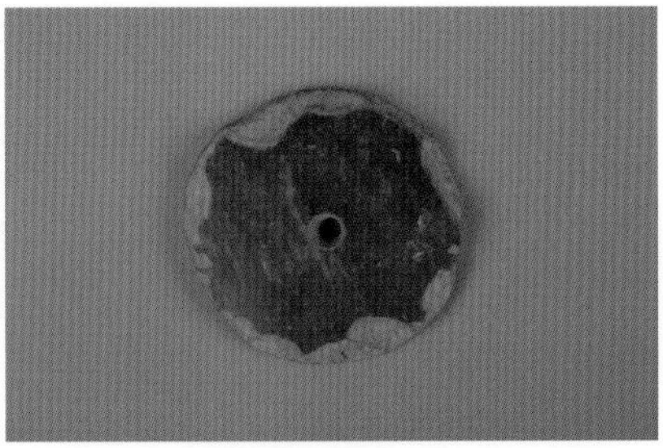

石磨

陶瓷器

陶纺轮，水涧沟门汉代遗址出土。一件大而薄，直径6厘米，厚0.8厘米，中部孔径1厘米。一件小而厚，直径5厘米，厚1.7厘米，中部孔径0.5厘米。

陶灯，北魏姚齐姬墓出土，直径8厘米，厚5厘米，泥质红陶、圆柱形，中间挖成凹坑。

陶壶，北魏姚齐姬墓出土，口沿径13厘米，颈径4厘米，腹径18.5厘米，底径8厘米，高25厘米，泥质灰陶，颈、肩、腹部饰水波纹。

酱釉小瓷杯，大袄兑元代遗址出土，直口，方唇，斜收腹，小平底，缸胎，内侧底部施有酱釉，素面。

白瓷瓶，大袄兑元代遗址出土，盘口，矮颈，圆唇，溜肩，深腹，圈足较深，底小于圈足，内外施有白釉，素面，胎质较粗。

铜 器

小刀，水涧沟门战国墓出土。一件把端为圆环，刃部有不规则的缺齿，通长17.5厘米。另一件把端穿三角形孔，通长18.3厘米。阿刀亥沟口东侧的一条小沟内也发现1件铜刀，通长19厘米，刃长12厘米，把端两面各有一三角形凹槽，把中部一面有一静立马图腾，另一面有一长角羊图腾，刃锋利，为匈奴武器。

铜兽，水涧沟门战国墓出土，大耳、细长颈，四肢直立，作伫立向后瞭望姿态，形似驴，通高11厘米。

圆泡，水涧沟门战国墓出土，背面均有钮鼻。其中大的有6件，直径4.5厘米，凸面无纹饰，背钮一孔者4厘米，双孔者2厘米。小的有10件，直径3.1～3.4厘米，其中8件表面有2圈凸起的线纹，圈内加点，1件铸有3个蝌蚪文，另一件镂有4斜孔。

异形戈，水涧沟门战国墓出土，楔形，厚刃有小缺口，内有一突出小舌，有厚刃，通长10.5厘米。

鱼形佩饰，大袄兑元代遗址出土。佩饰主体为圆形，阴面刻有鱼鳞纹，鱼背有“品”字形三孔小钮，腹下各坠两圆孔。鱼长4.9厘米，最宽处1.4厘米，钮长13厘米，宽1.8厘米，孔径0.5厘米，佩饰通高5厘米，厚0.3厘米。

火盆，大袄兑元代遗址出土，直口，方唇，浅腹，腹部底饰有3个兽足，素面，口径45厘米，高12厘米，兽足高7.5厘米。

铜镜，大袄兑元代遗址出土。海兽镜3件：一件直径11.5厘米，边厚0.8厘米，边宽0.6厘米，镜背边突起，鼓腹蛙形钮，钮长1.5厘米、宽1厘米，中部由一圆凸棱相隔，分为内外两轮区，内区铸有4海兽、4花瓣高浮雕，外区铸有6只鸟、6朵花高浮雕；第二件直径11.2厘米，边宽0.6厘米，边厚1厘米，边突起，蛙形钮，内外区浮雕同前；第三件直径9.2厘米，边宽0.1厘米，边厚0.6厘米，边突起，桥形钮，钮长1.6厘米、宽1厘米，内外区铸有高浮雕海兽纹。家常富贵镜1件，直径10.2厘米，边宽1厘米，钮叶半球形，钮径1.4厘米，背面用楷书写“家常富贵”四个字，字与字间隔有浮钉和鸟纹。仙人镜1件，直径9.6厘米，边宽0.6厘米，边厚0.4厘米，背面铸有松树，树下站一老者，面向右看，左面有水纹，水面上两位仙人飘然而来，下方有一男性牵一驴，造型生动逼真。

铁　器

犁铧，水涧沟门汉代遗址出土。体呈三角形，长22厘米，尾宽25厘米，裤深7~18厘米，表面棱线两侧中部各有一不规则小孔。大袄兑元代遗址也出土了1件犁铧，长17.1厘米，尾宽21厘米，边宽4.4厘米，边厚1.1厘米，裤深14.5厘米，裤宽10厘米，铧两边各有1圆孔，孔径1厘米。

犁镜，水涧沟门汉代遗址出土，体形似平行四边形。一件长23厘米、宽13厘米，另一件宽17厘米，二者中部均有4个对称的开孔钮。

錧，大袄兑元代遗址出土，圆环形，有6个等距离齿，直径12厘米，齿长2厘米、厚2厘米。

古钱币

汉五铢钱，萨拉齐、东老藏、大袄兑等地出土，共5式。

宋代钱币，大袄兑、武乡县营、马留等地出土。其中淳化元宝1式，至道元宝1式，天禧通宝1式，皇宋通宝2式，嘉祐通宝1式，治平元宝1式，熙宁元宝1式，熙宁重宝1式，至宋元宝1式，元丰通宝3式，绍圣元宝2式，圣宋元宝1式，崇宁重宝1式，大观通宝1式，咸淳元宝2式，元祐通宝1式，宣和通宝1式。

金代钱币，大袄兑出土大定通宝1式。

西夏钱币，大袄兑、马留等地出土天盛元宝3式，乾祐元宝4式。

元代钱币，大袄兑、武乡县营出土大元通宝2式，至元通宝1式。

厌胜钱币，大袄兑出土生肖厌胜钱1式，长命富贵生肖钱1式，长命富贵厌胜钱1式。

金　石

北魏《廉凉州妻姚齐姬墓志》，萨拉齐镇北出土，长方体青色砖，长33厘米，宽16厘米，厚5.5厘米。正中刻“廉凉州妻姚齐姬墓”，左边刻“太和二十三年岁次已卯七月二十八日记”。魏碑体。

明代美岱召泰和门石匾，原镶嵌在美岱召泰和门上，现存内蒙古博物院，长69.5厘米，宽52厘米，厚19厘米。

匾上镌刻着：“元后敕封顺义王俺答呵嫡孙钦升龙虎将军天成台吉妻、七庆大义好五兰妣吉，誓愿虔诚敬赖三宝，选择吉地宝丰山，起盖灵觉寺泰和门，不满一月工成圆备，神力助佑，非人所为也。皇图巩固，帝道咸宁，万民乐业，四海澄清。大明金国丙午年戊戌月己巳日庚午时建。”

壮丽风光

HUASHUONEIMENGGUtumoteyouqi

壮丽风光

ZHUANGLIFENGGUANG

天下雄川，千古九峰，一山一河一川的独特地貌，造就了土默川的大美无限。昔日草原胜地，今日华丽转身，崛起了一座活力四射的新都市。

“天然氧吧”胜景多——九峰山原始次生林景区

九峰山位于阴山山脉中段，土默川平原之北、土右旗北部。九峰山因九座巍峨挺拔的相连的山峰而得名，是内蒙古自治区西部地区唯一的天然原始次生林区，已被列为自治区级自然保护区。总面积460平方公里，规划风景区面积220平方公里，由东九峰、西九峰、大西梁、杆林背、羊靠山等山峰和美岱沟、水涧沟、香贵铺沟等沟堑组成。九峰山为东西走向，山势蜿蜒起伏、绝壁峥嵘、峰峦陡峻，沟壑弯曲深邃，大沟里流水湍急奔涌、小壑中碧泉清澈见底。九峰山是大青山山

多彩的九峰山　李柏春/摄

系中仅有的原始次生林自然生态风景区。

这里原始次生林和自然植被保存完好，原始次生林覆盖面积178350亩，保护森林面积12064公顷，其中次生林11980公顷。这里是欧亚草原东端的“森林岛”，人类的天然巨型“氧吧”。

九峰秋色

九峰山从一峰到九峰，峰峰有特色：“一线天”拔地双崖耸，天余一线青；“南天门”石险天貌分，林交日容缺；“石湖”水边树石险，倒影奇峰坠；“百丈崖”绝壁及天高，白云崖头绕；“奇石问路”石痴迷归途，问树树无语；“南天卧佛”沧海桑田变，何妨禅

峥嵘山峰

九峰山瀑布　李柏春 / 摄

定中；“麒麟石”昂首云天外，祥光满乾坤……

海拔2338米的东九峰是大青山的最高峰。登临“青山绝顶”，远近景物尽收眼底，俯瞰群山万壑，脚下涌动着的绿色的波涛渐次

九峰秋色

远去。南望土默川平原上的千里绿色，氤氲之气一片吉祥，黄河之水泛着白光，如玉带般蜿蜒。东九峰的“冰凌沟”有坚冰，常年不化，即使在盛夏烈日炎炎之下也岿然未消，射出刺眼的银光。人若走进“冰凌沟”，顿感凉气逼人，令游人浑然忘却了季节，在盛夏里美美地享受一回通体的清凉。

扫码领取

九峰山

西九峰的“观景台”海拔1863米。登临此处，可以静听“万壑松风”，观赏“西峰染绿”，体验视觉、听觉、感觉全方位的美感，令人流连忘返。“观景台”是观日出的绝好观看点，从晨曦初现到一轮红日喷薄而出，在这里能够尽情领略日出的壮丽美景。

九峰山的瀑布也别具特色，以小而多取胜。九峰山地区有15处瀑布，其中有3处永久性瀑布。这些瀑布有的飞流直下，有的喷涌而出，在夏季形成条条小溪。

九峰山风景区自然植物资源丰富，植物景观独特，自然生态环境基本未受到人为破坏。目前有82科302属596种维管束植物，其中蕨类植物8科11属18种，裸子植物3科6属7种，被子植物71科285属571种。木本植物中乔木有27种，占27.3%，其中常绿乔木5种、落叶乔木22种。

这些植物中有18种内蒙古珍稀濒危植物，其中内蒙古扁桃和内蒙

美岱水库

古黄耆属国家三类保护植物，脱皮榆是国家第二批重点保护的珍稀植物，阴山乌头和阴山棘豆是内蒙古一类保护植物，另外有内蒙古二类保护植物4种、三类保护植物6种、四类保护植物6种。

景区内还有较丰富的真菌资源，据包头市环保局鉴定有100多种，隶属于3亚门6纲14目33科67属，其中食用菌46种、药用菌21种、毒菌9种、木腐菌29种。

景区内有陆栖脊椎动物134种，其中兽类25种、鸟类100种、两栖爬行动物7种、鱼类2种。有国家二级保护动物青羊、雪豹，另有毛皮兽艾鼬、豹猫、獾、蒙古兔和花鼠等。鸟类中有42种属保护性鸟类，其中大隼、红隼、燕隼、金雕等13种属国家二类保护鸟类。还有132种昆虫。

2006年11月，旗政府引资6.5亿元，保护性开发建设九峰山旅游景区，同时建设与景区融为一体的高峡出平湖壮景——美岱水库。目前，通往九峰山的43公里油路已贯通，还开通了127米的穿山隧道，建成了登顶游步道。游人可轻松登越九峰之巅，观赏壮丽的九峰山美景。九峰山区的公山湾村建有环境舒适优雅的宾馆、饭店和购物、游乐场所以及宽阔的停车场，游购娱、衣食住行旅游服务设施一应俱全。九峰山旅游资源开发坚持保护性开发的原则，“适度开发、合理利用、有效保护”，使旅游产业与生态建设相得益彰、相互促进，实现资源和环境的永续利用。

2015年7月，土右旗成立内蒙古敕勒川国家森林公园管理处，负责公园保护与规划、建设工作，并对园内的自然资源和生态环境进行管理，还负责野生动植物的救护和疫病防控工作。

古渡情思文脉长——黄河

黄河土右旗段长108公里，宽0.2～0.95公里，流速平缓，适于行

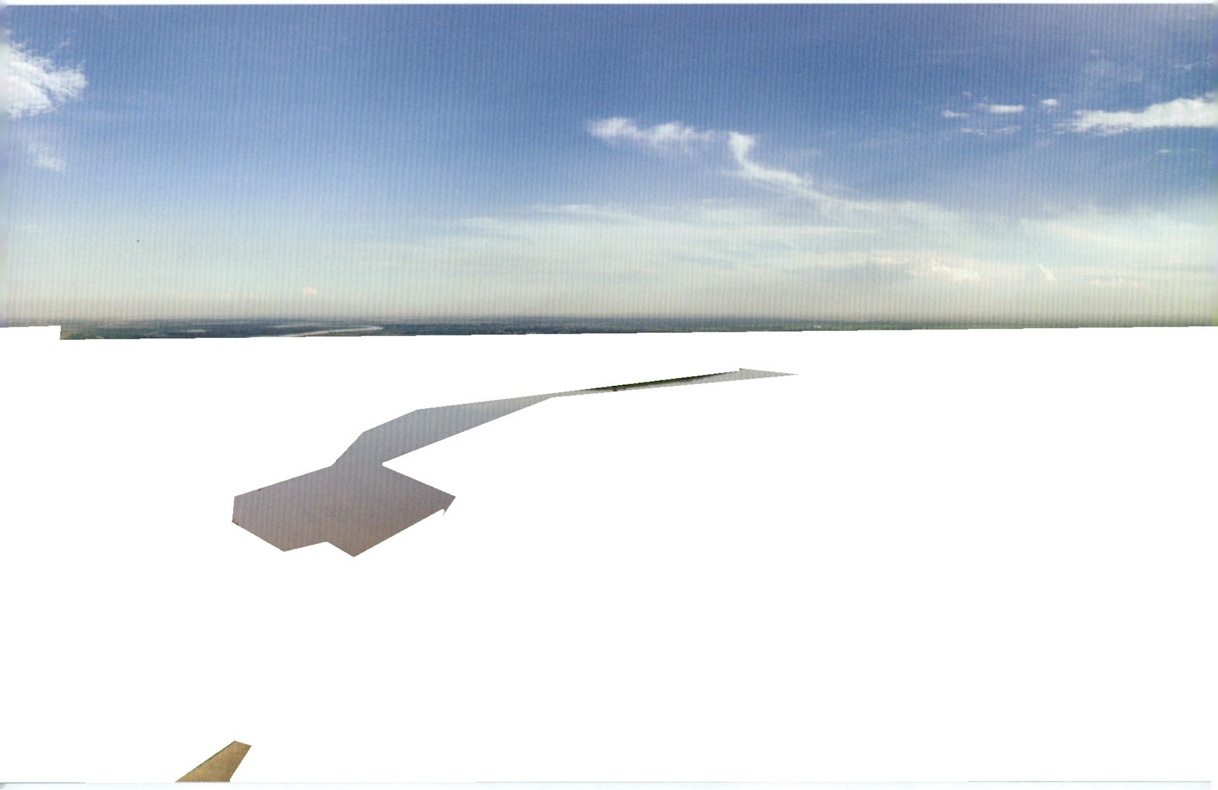

九曲黄河——土右旗五犋牛黄河段

黄河

舟设渡。史料记载，早在春秋时期，黄河航运即已开通。到了清康熙三十五年（1696年），旗境专设了毛岱官渡，使两岸人民的交往更加频繁和密切，逐渐形成了独具土右旗地域特色的黄河文化。

在黄河岸上漫步，朝迎日出，看滔滔的河水浮金跃红，暮听清风鼓浪，走进“长河落日圆”的画面。或者在风和日丽之时乘一叶打鱼划划，泛舟中流，横渡彼岸，唱起蒙调汉词的山曲儿，浪漫而惬意。

每年2～3月为黄河流凌期。那时开河时惊心动魄的壮观场面，冰块翻滚碰撞顺流而下的奇特情景，是咆哮的黄河最具个性的一面，亦是不可多得的真美体验。

扫码领取

土右旗流凌

梦中江南水乡情——黄河湿地

黄河湿地风情旅游区位于土右旗将军尧镇南，黄河北岸，东连自治区首府呼和浩特市托克托县，南与鄂尔多斯高原隔河相望，北连九峰山自然风光旅游区及美岱召。周边地势平坦，田野广袤。境内有萨托公路、萨凉公路、美将公路、沿河公路、连接鄂尔多斯的黄河浮桥，交通便利。

湿地总面积达3000余公顷，是包头市面积最大的湿地，水面宽阔，水中苇丛茂密，鱼儿自由游弋，时有水鸟来此嬉戏。远望水面蜿蜒曲折，绿色簇拥，飞鸟点缀，恰似梦中的江南水乡。湿地区域盛产味道鲜美的黄河鲤鱼、鲫鱼、鲶鱼、虾等，瓜果蔬菜种类齐全，畜

黄河湿地公园

禽种类多，且均为绿色食品。

黄河湿地风情旅游区，集观光、娱乐、休闲、度假为一体。在这里可以领略黄河风情，感受淳朴民风，体验农家生活。

明代古刹美岱召

美岱召是一座城堡式建筑，位于土右旗境大青山南麓，西距萨拉齐镇20公里，距包头市区60公里，东距呼和浩特市80公里。呼（和浩特）包（头）高速公路、国道110线、京包铁路横贯召前。

美岱召为明代古建筑群，城寺合一，始建于1565年，明廷赐名“福化城”。美岱召是全国重点文物保护单位，国家AAAA级旅游景点。美岱召对于研究明代蒙古史、藏传佛教史以及蒙汉藏建筑学、美学、宗教学等都具有极为珍贵的价值。

美岱召城总体呈不规则的四边形，城内总面积约4万平方米，四周筑有高厚的城墙。正门（南门）为城门，城墙四周筑有重檐角楼。召内殿宇楼阁富丽堂皇，雄伟壮观。

美岱召起初是阿勒坦汗所建的都城，随着阿勒坦汗接受并引进黄教，福化城的军事功能逐渐弱化，实现了由城而城寺兼备且以寺为主的功能转化。明万历三十二年

（1604年），四世达赖云丹嘉措派西藏麦达力活佛为新塑的弥勒佛开光，并驻锡福化城，坐床掌教。麦达力活佛勤于教务，使黄教信众遍及漠南漠北。人们尊崇麦达力活佛，便将其坐床传教之所称为“麦达力召”，即美岱召。“召”是蒙古语“寺庙”的意思。当时美岱召享有漠南漠北蒙古草原黄教弘法中心的崇高地位。1606年，明廷赐名为“灵觉寺”。康熙年间，清廷赐名“寿灵寺”，是呼和浩特札萨克喇嘛印务处下辖的“八小召”之一，额定设置达喇嘛1名。清嘉庆二十四年（1819年），召上有锡勒喇嘛1人，达喇嘛1人，格斯贵4人，普通喇嘛36人，俗徒4人。清末，召内有喇嘛120人。到民国年间，美岱召地位降低，喇嘛人数减少大半。

中华人民共和国成立后，“麦达召”更名为“美岱召”。

1979年，包头市人民政府决定将美岱召收回市文物部门管理。1984～1985年，市政府两次拨款共110万元，对召庙进行维修保护。后又逐年拨款维修，使美岱召恢复原貌和佛事活动。2007年4月，包头市文化局将美岱召移交土右旗管理。按照“保护为主，抢救第一，合理

扫码领取
美岱召

美岱召全景

美岱召一角

利用，加强管理”的文物工作总方针，当年旗政府决定对美岱召文物保护范围内不符合文物保护要求的建筑物进行拆除，并重新扩建召前广场，后来又在召庙东侧建起僧寮。

美岱召坐北朝南，正面有城门一座，名泰和门，为三层歇山式城楼。城门上方镶砌石刻门额一方，上有双勾石刻铭文：“皇图永固，帝道咸宁，万民乐业，四海澄清。”

召内的大雄宝殿为明代建筑，由山经堂与佛殿组成，主供弥勒佛。本殿壁画以大、精、历史含义深远著称，佛殿西墙下部之《蒙古贵族礼佛图》尤为珍贵。东西南三面围有藏式白墙，墙上有八思巴文的六字真言图案装饰。宝殿重檐飞阁，极为壮观，在两棵粗壮浓密的古松衬托下显得静穆庄重。殿前的两棵古松为建寺时所植，已有400多年。一棵挂满松果，枝节苍劲，树皮斑驳，透出一股雄壮之气；另一棵则开花不结果，枝条细长青翠，近身观之，透着一股秀气，于是有人认为这两棵古松有雄雌之分，是阿勒坦汗和三娘子的化身。

大雄宝殿为三间重檐歇山顶两层楼，南厅经堂、北厅佛殿勾连一体，纵深43.7米，横宽23.2米，是该寺最宏伟的建筑。殿内20多米高的金柱一贯到顶，柱上用沥粉贴金绘制的五爪蟠龙栩栩如生。

殿内壁画场面宏大纷繁，造型生动，工艺精美，具有浓郁的蒙古族艺术风格。现存壁画1650平方米，形象地描绘了明朝时期蒙古地区政治、宗教的发展状况，被誉为“壁画艺术博物馆”。大雄宝殿内四周壁画从腰线部分一直到天花板，场面宏大，构图丰满，仰视方能尽观。引人注目的是西壁下方的一组蒙古族供养人群像。所绘人物均身着明朝时期的蒙古服饰，手中持念珠等宗教器物，表情谦恭，一心礼佛。北侧一位头戴皮檐帽，身着皮领对襟袍服的老妇人，颜面丰满，体态雍容，端坐在木几上，两旁有二喇嘛侍立，据考证她可能是三娘子老年时期的形象。这些壁画上的蒙古族服饰很多都可在明肖大亨所著的《夷俗记》中找到依据，是研究明清时期蒙古史及民俗、服饰的宝贵资料。

三佛殿是大雄宝殿后方的一座三层歇山式的楼阁，原塑有过去佛（燃灯佛）、现在佛（释迦牟尼佛）和未来佛（弥勒佛）三尊泥塑。因屋顶敷设绿琉璃瓦，人们俗称为“琉璃殿”。它的底层中部置一门，两梢间为直棂窗，四周墙体涂白，格制古朴，是阿勒坦汗家族某位“哈屯”（可汗夫人）曾经居

美岱召泰和门

住之地。楼内底层画有宁玛派祖师莲华生和格鲁派的宗喀巴及达赖、班禅像。二楼壁画上的绿度母及许多女性化的菩萨像造型逼真生动、线条流畅严谨，尤其是身体各部分敷色采用了晕染法，将身体的动态表现得很充分，画风与召内它处不同，创作时代应晚于大雄宝殿的壁画。这种表现明暗的手法是随着佛教自西域传入而发展起来的。

乃琼殿坐落在大雄宝殿西侧，是一座二层方形藏式小楼，在建筑群中别具一格。这里曾是麦达力活佛的僧房，为密宗要地，平日关闭，很少开启，是召内仅存的一座白色藏式殿宇。墙体雪白，屋顶正中及四角装饰有法轮及宝幢，此殿名乃琼庙。“乃琼”为藏语，最初为西藏的土生宗教苯教的护法神，后被喇嘛教所吸收，设有乃琼殿。在殿内从事降神问卜的僧人也称“乃琼”，凡有重大决策都要请“乃琼”降神谕卜凶吉。殿内墙壁上画有金刚索，上缀法轮、伞、海螺、宝幢等八宝图案。

八角庙，位于琉璃殿西侧，为一座八角攒尖的庙宇，象征佛法向四面八方弘扬。东壁下方有两个表演百戏的“昆仑奴”（古代中国富豪以南海国人为奴，称昆仑奴），背景还有“猴子献技”等图案，生动有趣。

美岱召大雄宝殿

美岱召壁画

太后庙，位于大雄宝殿东部，为一座二重檐歇山式建筑，是供奉阿勒坦汗之妻三娘子骨灰的灵堂。殿内原有一座3米高覆钵式檀香木塔，“文革”中被拆毁。殿壁为封闭式，无窗，仅在中部置一门。殿内正室壁画有三世佛及阿难、迦叶二弟子，西侧为十八罗汉及八尊女性化的菩萨，四壁上方一周为宗喀巴化身的小千佛。

佛爷府，为清代建筑，位于召院东北角，是一幢二层硬山式小楼。美岱召自迈达力活佛之后无常住活佛，后来延请的活佛就住在这里，所以被称为“佛爷府”。

达赖庙，位于召院东北角，是一幢二层硬山式小楼。达赖三世索南嘉措来漠南蒙古地区传教时就住在这里，故称“达赖庙”。清代，阿勒坦汗后裔受封为镇国公后，也在此居住过，所以这里又称“公爷府”。抗日战争时期，老一辈无产阶级革命家王若飞、乌兰夫曾在这里开展地下工作，为创建大青山抗日根据地做出巨大贡献。

西万佛殿，原为麦达力活佛传法之所，今改作岩山洞府，供游人观赏。

美岱召乃琼殿

“蒙西第一丛林，塞外无双福地”——朝阳洞（国恩禅寺）

清朝乾隆年间，有藏传格鲁派僧人行脚到此，见此山气势非凡，宝气氤氲，山间有洞深不可测，并时有灵光闪烁，便在此开辟道场，弘扬密法。经百年而至清末民初之际，因时局动荡，继起乏人，致使道场颓败。民国中期，有禅门临济宗僧人来此收拾残垣，重续炉烟。朝阳洞也因此由藏密道场易为禅宗门庭。

朝阳洞四周景色秀丽，其南是开阔平坦、铺锦织绣的土默川平原，近处横亘着2300年前赵武灵王时期修筑的长城遗迹。其东南，有一股清泉从高山岩缝中涌出，由高处逐级下淌，汇成淙淙溪流，形成石湖，湖水饮之甘凉爽口。每年严冬，此溪从上到下结成道道冰坡，如同一条银色绸带铺展在沟中，煞是好看。如顺此沟向东北攀援，可饱览四峰的石湖、枣沟的瀑布、九峰的茂密森林等奇峰异景。朝阳洞附近塔寺耸峙，岩石苍黝，绿树葱茏，山花烂漫，百鸟和鸣。每逢佛教节日和农历六月十七庙会，游人和信徒纷至沓来，络绎不绝。

朝阳洞分外洞、内洞。外洞背山向阳，前高阔，后窄狭。早年洞口安装着做工精巧的雕刻彩绘门窗，洞中上面铺饰着彩色天花板，洞前部雕塑有佛像及蛇像，两侧备有蛇神睡卧的床、被。20世纪40年代初遭日军炮击毁坏。中华人民共和国成立后，一些附近村庄的村民集资在洞口安装了红漆门窗，在洞前塑起文殊菩萨像及其坐狮像。进入外洞约10米处东侧，是直径约1米的内洞洞口。内洞是一个扎地深窟，至今深邃莫测。

1992年，经土右旗民族宗教事务局批准朝阳洞成为佛教活动场所，并成立教管会。朝阳洞寺庙亦于当年开始修建。至2000年，先后建成三圣殿、龙王庙、关帝庙、山神庙、吕祖庙、禅房、僧房、藏经室、念佛堂、流通处、斋堂、沐浴室和库房，维修了白塔，请回500公斤重八卦大钟1口、石狮1对。同时，硬化院落，栽植青松、垂柳。2001年春，洞口外山道修建了600多米的混凝土台阶，保障了佛事活动和游人的安全。

2006年，江西福田禅寺住持、中华禅门临济宗第四十五代传人——印杰大和尚回归故里，主持朝阳洞佛事，并在朝阳洞原址兴建寺庙群，名为“国恩禅寺”。

2007年，国恩禅寺破土动工。2008年，旧址修复工程竣工。2009年，朝阳洞进行扩建，增加了多座

朝阳洞（国恩禅寺）

朝阳洞

佛像雕塑以及山门、牌楼、万佛楼等建筑。朝阳洞（国恩禅寺）建筑规模宏大，景致丰富，宗教氛围浓郁，被宗教界评价为“塞外无双福地，蒙西第一丛林”。

神秘“查玛舞”传承地——小召子

广福寺俗称小召子，藏名“昂得庆斯么”，蒙古名“伊么庆”（意为“药王庙”），始建于清乾隆九年（1744年）。嘉庆三年（1798年）毁于天火（雷击起火），嘉庆十一年（1806年）重建。由于建筑规模较小，所以民间普遍称之为“小召子”。小召子村也由此得名。

嘉庆十一年（1806年）重建之广福寺，占地约10亩，主要建筑有佛殿与经堂。佛殿正门上方悬挂有蒙古、藏、汉三种文字书写的“广福寺”牌匾。佛殿外顶上有一座1米多高的鎏金佛塔。佛殿进深5米，高7米，宽10米。顶棚为彩绘八角藻井，所绘佛像栩栩如生。殿中有一尊高达5米的“伊么庆”（药王）塑像，还有多尊如香烟盒大小的铜铸佛像。佛殿内还有2盏特大型铜铸佛灯（各盛酥油25公斤）和上百盏酒盅大小的酥油铜佛灯。

经堂是喇嘛诵经的地方。堂内

小召庙会

查玛舞

天花板上绘制着很多飞翔的白鹤图案，顶棚下悬挂着小型唐卡和各色彩缦，墙壁上绘满了罗汉图像。经堂内还珍藏很多蒙古文、藏文黄教经卷，如《丹珠尔》。

广福寺除佛殿、经堂外，还有依寺院围墙而建的几十间房屋，为喇嘛的住房、库房和马厩。

广福寺在民间最具影响力的活动是每年正月和七月举办的庙会。中华人民共和国成立后，庙会改为一年一次，从农历七月初七开始，一般举办5～7天。“文革”时期，广福寺被全部拆毁，大部分文物、经卷被焚烧或损毁，庙会停办。

1980年，小召子村里举办了“文革”后首次庙会，活动内容以物资交流与牲畜交易为主，以文艺演出为亮点，其中表演“查玛舞”时观者人山人海。此后，小召子村每年都举办一次传统庙会。

2006年，广福寺正式恢复了每年农历五月十三的“祭敖包”活动。同年，小召子村投资13万元，在新庙宇西侧建起了一处200平方米“文化大院”。此后，文化大院内经常开展具有当地民族文化特色的山曲儿对唱、打坐腔、牌子曲演练、二人台表演、红歌会等活动，极大地丰富了群众的业余文化生活。2007年，在庙宇东侧又建起一间200平方米的“民族民俗文化展室”，添置了不少具有当地民族特色的展品。

2008年，广福寺庙会活动被纳入土右旗重点旅游区规划之列。

中西文化交融地——二十四顷地天主教堂、萨拉齐基督教礼拜堂

二十四顷地天主教堂

二十四顷地天主教堂在萨拉齐东南方向20公里处，始建于光绪六年（1880年），光绪二十六年（1900年）被义和团焚毁，光绪三十年（1904年）重建。

光绪六年（1880年），准格

尔旗尔架马梁天主教司铎陆殿英带着教徒来到萨拉齐东南20公里处的永租河滩地，向高九威低价购地二十四顷。陆殿英在这里开垦种植，建筑教堂，二十四顷地村也因此得名。二十四顷地教堂建成后，只允许信天主教者租种教堂的土地，因此，奉教者倍增，教会势力不断扩大。

光绪二十四年（1898年），西南蒙古教区主教韩默里把主教府从河套地区的三盛公迁到二十四顷地，二十四顷地天主教堂随之成为当时天主教西南蒙古教区的传教中心。到义和团兴起之前，二十四顷地天主教堂的发展居蒙古地区各教

二十四顷地教堂

堂之首，辖区内共有教徒5680名。教堂先后开办男女学校，设立数理化科目，从国外购回多种仪器、标本和挂图。教堂还设立了修道院等，教务盛极一时。

光绪二十九年（1903年），义和团焚毁二十四顷地天主教堂。不久，荷兰籍神甫兰广济接任神甫，并着手教堂及整个村庄的规划和重建。他用“庚子赔款”作经费，于1904年破土重建教堂，1905年建成。

二十四顷地天主教堂现占地7488平方米，东西约96米，南北约78米。礼拜堂面阔26米，进深46.5米，砖木结构，欧式钟楼尖顶教堂样式，外观虽然陈旧，但仍不失旧时风格。

1980年，二十四顷地天主教堂进行了维修。1984～1986年，原修道院房屋破烂不堪，空闲无人使用，教会征得有关部门同意，将这些房屋拆除，利用拆下的木材，建起一座钟楼。

萨拉齐基督教礼拜堂

基督教出现在萨拉齐要追溯到19世纪末。当时在清朝政府的允许下，瑞典传教士鄂必格受本国教会派遣，来中国北方草原开展了十几年的传教活动。1903年，鄂必格在萨拉齐着手创办萨拉齐基督教会，并在萨拉齐大西街路南建起了最初的萨拉齐礼拜堂，开展传教活动。至1920年，教会在萨拉齐建立了4座大小礼拜堂及校舍、医院等。

1921年，教会新任牧师瑞闻生（瑞典人）主持设计并亲自监工，新建一座西欧式砖木结构转角形大礼拜堂。堂门入口建有一座3层4丈多高的尖顶钟楼，顶层悬挂一口300斤重的生铁大钟，每逢过“礼拜”鸣钟时，萨拉齐周围五六里之内都能听到钟声。钟楼底层的门楣上方，竖写着“礼拜堂”三个大字，非常醒目。青砖墙上的窗户全部呈圆拱形，松木窗扇内装玻璃，颇为时尚。“人”字形转角双坡式堂顶，表面用波折形白花铁皮瓦覆盖，显出与众不同的欧式建筑风格。礼拜堂是萨拉齐在民国年间修建的最大的礼堂，也是基督教最有代表性的建筑物。

2009年，经土右旗有关部门批准，萨拉齐基督教会将小型钟楼拆除，在紧挨礼拜堂北侧的大院里，开工兴建占地1160平方米的大礼拜堂。此工程耗时一年半，于2010年11月竣工。

汩汩清泉传福音——清泉寺

清泉寺始建于20世纪80年代初，坐落在沟门镇威俊村忽洞沟口处。“忽洞”为蒙古语，意为

清泉寺

"井"。清泉寺因寺旁有一泓山泉而得名。

20世纪40年代，悲峰法师（后为清泉寺住持和尚）立愿，寻找一块宝地，建一所修行养道、弘扬佛法的道场。1980年，悲峰法师在忽洞沟门村山坡上发现一块3尺高、2尺宽的石碑，碑上雕刻着一尊神像（虽因年代久远已残缺不全，但面貌端庄和蔼、神态慈祥），便看中此处。据当地传说，早年在这一带游牧的牧民在这里找到水源时，为感谢"神灵"的恩赐，便在此处修建了一座水母神庙。如今该庙已不存，只残留一尊水母神像。悲峰法师遂在此地修建庙宇。

1981～2000年，悲峰与弟子们经过多方筹措化缘，在沟口西山坡上依山势渐次建庙，先后建起释迦牟尼佛殿、观音殿、地藏王殿、药师殿、水母殿、吕祖殿和弥勒佛殿。同时，建起供僧人起居的寮房7间，及接待居士居住的男女宿舍和伙房等。

2001年，又新建安养院、念佛堂。2003年，悲峰法师圆寂。2006年，张新元（法名释万新）任住持后，重新组建寺管会。同年，筹集资金30多万元，重建寮房、山门、钟鼓楼，请回直径约1.5米大鼓1面、八卦大钟1口、石狮1对。

"克尔白丝幔"永珍藏——萨拉齐清真寺

乾隆四年（1739年），萨拉齐以及善岱（今属土默特左旗）设立协理通判。此后，来这两个地方定居的回族群众日益增多。经考证，他们多是从陕西、河北、山西大同等地迁居至善岱一带，且在乾隆初年就不断来萨拉齐经商，从事饮食服务、牲畜交易等。大约在乾隆十二年（1747年），萨拉齐镇的20多户回族群众集资在镇内南营子建起一座清真寺。

乾隆四十六年（1781年），萨拉齐镇的回族人口已增加到100多户400多人，于是镇内回族又集资在原址上扩建清真寺，并扩大寺院。乾隆四十七年（1782年）二月，扩建后的清真寺竣工，总面积1296平方米。现在清真寺内尚存当年刻制的石匾一块，匾内正中刻有“清真寺”，两旁刻有“大清乾隆四十七年二月”等字。

礼拜殿内供有一块丝幔，是萨拉齐籍回族白瑞昌先生于1995年向萨拉齐清真寺捐赠的珍贵礼品——克尔白丝幔。这块丝幔是白瑞昌从麦加朝觐后带回来的珍品，长2.6尺、宽1.85尺，图案用纯黄金丝绣成。

红色记忆昭后人——爱国主义教育基地

八路军大青山支队司令部纪念馆

1937年，抗日战争全面爆发以后，内蒙古很多地方相继沦陷，老百姓家破人亡，国民党不战而退。面对这种情况，根据党的指示，共产党员杨植霖、贾力更、高凤英、刘洪雄等组织当地一些爱国青年，成立了一支抗日游击队。1938年7月，贺龙率领的八路军一二〇师调出一部分官兵，奉毛泽东“在平绥路以北沿大青山山脉建立游击根据地甚关重要”的指示，由李井泉、

八路军大青山支队司令部纪念馆

姚喆带队，穿过敌人的重重封锁，来到大青山一带，与这支抗日游击队会师，正式组建成立了八路军大青山抗日支队，并在大青山建立了抗日根据地。李井泉司令员奉命率军挺进大青山抗击日寇，并驻扎在巴总尧子村开展宣传群众、组织群众的活动，多次重创日寇，并与日伪展开了长期的顽强的斗争，在土默特地区播撒了革命的火种。

大青山八路军抗日支队总指挥部就建在巴总尧村的魏家大院，当时李井泉司令也住在这里。大院东西长40多米，南北宽50多米，四周有高大的围墙。如今，三间老式房屋被完整地保存下来，墙面密密麻麻的弹孔仍清晰可见，右侧居室的火炕边有一处密道通向院外的炮楼。

乌兰夫早期革命活动纪念址

美岱召庙内的达赖庙，曾是老一辈无产阶级革命家乌兰夫、王若飞等从事革命活动的重要联络点。1984年10月5日，美岱召正式对外开放后辟为乌兰夫革命活动旧址，现存乌兰夫同志早期从事革命活动时使用过的行李、锅灶、炕桌、油灯、衣箱柜、笔砚等物品，并陈列了乌兰夫同志工作照片、铜像等。

乌兰夫早期革命活动纪念址

萨县抗日游击队队部旧址

抗战期间，美岱召达赖庙成为萨拉齐县抗日游击队活动地址，现辟为萨拉齐抗日游击队队部旧址。室内陈列着游击队使用过的枪支弹药及乔培玲（王老太太）、刘启焕、王经雨等革命者过去的生活物品，还有一些照片、书信等。

1937年10月16日，日本侵占萨拉齐县。为了抗击日寇，拯救民族危亡，1938年秋，遵照党中央毛主席的指示，李井泉、姚喆率八路军2000余人从晋西北挺进大青山，开辟敌后抗日根据地。1939年5月，中共萨托工委成立，组织部部长刘启焕在美岱召建立党支部。在刘启焕、王弼臣、王经雨的领导下，萨县的第一支游击队在美岱召成立，王经雨任游击队队长。萨县抗日游击队坚持在大青山开展斗争，一直到抗战胜利。

黄土尖萨县抗日游击队营地旧址

入美岱沟北行4公里左右，东有一条支沟——纳令沟。纳令沟两侧峰峦连绵，悬崖林立。向北行2公里，一巨石突兀挡住去路，巨石右侧有条只能容一人通过的石缝。这巨石，当地人称“顶门石”，是一处“一夫当关、万夫莫开”的天然险要关隘。过巨石再北行0.5公里许，就到了抗日战争时期萨县抗日游击队建立的黄土尖营地。

黄土尖是一座黄土覆盖的山冈。它的四周群峰环抱，又与美岱沟、大东沟、沙图沟相邻，军事上可进可退，且易守难攻。1940年春，萨县抗日游击队在此建立了第一个营地。日伪军曾多次调集重兵围攻黄土尖，但均遭游击队伏击重创。

1949年，老游击队员们多次到黄土尖向青少年讲述当年游击队抗击日本侵略者的英勇事迹。1984年，土右旗团委在黄土尖树立了“萨县抗日游击队遗址纪念碑”。现黄土尖仍残留着数处当年游击队队员居住过的窝铺遗迹。

乡村民风新体验

大雁滩景区

大雁滩景区位于土右旗沟门镇境内，北依大青山，南临黄河，是中国西部最大的天然氧吧。

大雁滩景区占地5000亩，总投资1.26亿元，重点实施采摘园、养殖观赏园、百花园、农事体验区、民俗风情一条街、水上乐园、烽火

大雁滩景区

点将台等项目。

大雁滩景区于2013年动工，修建了独具特色的门楼、凉亭，维修保护了境内文物点将台、观景台，安装了路灯、必要的休憩设施，建成占地8200平方米，集餐饮、游泳、住宿休闲娱乐为一体的大型水涧生态园。新建全长4.2公里的“三横”路线，在水涧沟门城乡统筹示范区内形成四通八达的循环路网。

2014年，土右旗进一步加大建设力度，新修道路2441米，铺设衬砌渠道500米，安装100盏景观灯和100盏小型太阳能路灯；建成占地100亩的采摘区，并对采摘园内果树品种进行了改良更新；新建占地4500平方米的停车场，可同时容纳100辆汽车停放，并配套建有游客服务中心、观景台和公共厕所；新建10处茅草屋，并配备座椅、秋千等设施；新建占地3500平方米的百草园，主要种植牡丹、月季、秋菊等花卉；新建一处乡村音乐酒吧，占地1500平方米，室内设有吧台、演出舞台，可容纳30人，室外设有演出舞台，有10个圆形露天观赏台，可容纳60人；新建一处休闲吧，主营各种啤酒、冷饮、奶茶、台湾烤肠、爆米花等；新建农家乐、蒙古大营等，现已正式运营。目前，大雁滩景区已成为以体验田园风光、农家生活为中心，集自然风景名胜、历史文化遗迹、民俗文化、特色种养殖等于一体的开放式、高标准生态观光景区。

清水沟旅游度假村

清水沟旅游度假村，背靠大青山，清水沟清泉从门前蜿蜒而过。这里昂首可观青山的壮美，俯首可听清泉的欢唱，四周果林茂密，环境幽雅，空气清新。度假村占地143亩，总建筑面积6.4万平方米，地理位置优越，交通便利。现已推出周边景区游（九峰山、美岱水库、美

清水沟旅游度假村

岱召景区）、春季赏花游（果林繁花）、季节性果品采摘游（四月采摘野菜、六月采摘大杏、七月采摘水李、八月采摘人参果、九月采摘葡萄）等项目。度假村设施完备，功能齐全，是休闲娱乐、度假避暑的好去处。

美岱桥佳禾民俗文化度假村

美岱桥佳禾民俗文化度假村背靠巍巍大青山，位于美岱召西侧，国道110线北，呼包高速公路南，占地面积217亩。度假村建设了以山西建筑风格为载体的二人台艺术基地、旅游文化基地、影视外景基地和敕勒川历史文化产业园。主要建筑有度假村、酒店、生态植物园、蒙古风情园、晋陕民俗园。

城楼之门居于正中，一条中轴通道直抵京藏高速公路。中轴大道东侧是三座古色古香的四合院落，四合院周围绿树、水系环绕。建筑讲究对称布局，充分展现了我国古典建筑风格和传统文化艺术的魅力。亭榭栏杆、雕梁画栋、飞檐斗拱、墙垣楼阁、缤纷彩绘都做到了精雕细琢、瑰丽奇巧。院外还有廊桥、凉亭、湖水、果圃、花园。在这古色古香的四合院里可以享受具有土默川特色的食物和古代住宿风格。同时，还可去蔬菜大棚中体验采摘之乐，去佳禾戏院欣赏地道的二人台、晋剧等。

美岱桥佳禾民俗文化度假村

蒙家营农家乐

在土右旗黄河北岸，有一处充满黄河风韵和农家风情的农家乐——蒙家营农家乐。

蒙家营农家乐位于明沙淖乡蒙家营村。这里地势平坦，土壤肥沃，农牧业发达，果蔬种类齐全。村庄绿树环抱，村外田野广阔无垠，南面滔滔黄河奔流而过。蒙家营人用朴实的笑容，浓重的乡音欢迎游客的到来。

蒙家营农家乐的主要建筑形式是四合院。院内装修古朴而温馨，造型讲究对称，色彩讲究对比。院外有宽大的鱼池，黄河鲤鱼、鲶鱼在水中畅游。蒙家营村农家乐推出种植游、采摘游、农业观光游、垂钓、走马观河、民俗游等项目。

幽静的房舍、温暖舒坦的北方热炕、味道纯正的黄河鱼、地道的农家饭，让游客充分体会田园乡村之乐。

蒙家营农家乐

民俗风情

HUASHUONEIMENGGUtumoteyouqi

民俗风情

MINSUFENGQING

农耕文化和草原文化的融合，成就了土默川独特的民俗风情，汇聚成敕勒川文化的洋洋大观，为土右旗文化艺术的发展提供了丰厚的滋养。

打坐腔

打坐腔又称“丝弦调”，是一种民间演唱形式，早期出现在清咸丰年间，是从“蒙古曲儿”的演唱形式演变过来的。表演时，不必化妆，不必装扮，不分场合，不分男女老幼均可参加，一人起唱，一人或多人对唱，时而唱传统曲目，时而随编随唱。唱词押韵，内容生动。

打坐腔分布在土右旗萨拉齐镇、双龙镇、将军尧镇、海子乡、明沙淖乡、沟门镇。据史料记载，云双羊是早期坐腔的创始人之一。

打坐腔最早的伴奏乐器有三弦、四胡、笛子，以梆子为节奏。后逐渐发展为以二胡、四胡、扬琴、笛子、笙等为伴奏乐器，以梆子、四块瓦为节奏。

打坐腔已有一百多年的历史，它是土右旗二人台的母体，是蒙汉人民共创的民间音乐成果。一百年多来，它为歌唱劳动人民生活、丰富群众娱乐活动起着积极的作用，它的音乐创作、唱段创作是蒙汉劳动人民团结奋进、热爱生活的写照，是土右旗人民优秀的文化遗产。早期打坐腔的代表性曲目有《阿拉奔花》《海莲花》等。

据《绥远通志稿》记载：“土默特旗在清盛行所谓蒙古曲儿者，其起源传为清咸、同年间。太平天国起兵抗拒清廷，本旗两翼官兵奉调从征，当时以战功显著，颇不乏人。有兵士某远役南服，渴思故土，兼以怀念所爱，乃编成《乌勒贡花》（盖所爱者之名）一曲，朝夕歌之以遣怀。于是同营兵士，触动乡思，此歌彼和，遂风行一时。迨战后归来，斯曲流传愈广，或编他曲，词中亦如‘乌勒贡花’。于是蒙古曲儿之名，遗传各厅矣。今自省垣以西各县，尚有歌者，无论句曲句中，每加入‘海梨儿花，乌勒英气花’句，盖即‘乌勒贡花’之演变也。遂统名之曰蒙古曲儿。”

后来，凡是与“乌勒贡花”有关的词、曲，皆名之曰“蒙古曲儿”，成为蒙古民族的一种演唱形式。后来这种演唱形式又有了进一步发展，“以蒙古语编词，用普通乐器如三弦、四弦、笛子等合奏歌之，歌时用拍板以及落子为节奏，单调激扬，别具一种风格。迨后略仿其调，易以汉调，而仍以蒙古曲儿名之。久而汉人凡用丝竹合歌小曲者，亦均称蒙古曲儿，实则所歌者皆汉曲也”（《绥远通志稿》）。可见，蒙古曲儿就是二人台的第一阶段——打坐腔的前身，它直接影响着二人台艺术的形成。换句话说，打坐腔是在蒙古曲儿基础上糅进各地的民间音乐素材，逐步发展起来的。它既是对蒙古曲儿的继承，又是对它的发展，彰显了蒙汉人民的友谊以及在艺术上的交流与学习。

打坐腔促进了蒙汉民族民歌的交流，为二人台音乐奠定了一定的基础。二人台音乐包括唱腔和牌子曲两部分，其中有相当一部分是来自蒙古族民歌。如二人台音乐中的漫瀚调，就是蒙汉劳动人民在长期的艺术交流实践中共同创造的，是蒙古族民歌与汉族民歌两相融合后所产生的。又如唱腔里的《海莲花》就是直接移植鄂尔多斯民歌的

扫码领取

第二届坐腔音乐会

文化大院打坐腔

“扫帚花日”。打坐腔还创造了“风搅雪”这种独特的语言艺术。所谓“风搅雪”是一种蒙汉两种语言混合在一起演唱的艺术形式，有时用同一首曲调，有时用两首曲调，或前段（句）汉语后段（句）蒙古语，或前段（句）蒙古语后段（句）汉语，唱起来铿锵悦耳，妙趣横生。这种蒙汉语交错演唱的形式，不仅在唱词里有所表现，在道白中也穿插不少，如：“玛奈（我们）到了塔奈（您）家，黄油酪丹奶子茶……中午的饭更排场，玛奈坐在首席上，塔奈敬酒我紧唱，你看玛奈多喜色！”

“风搅雪”这种形式，不仅富了演唱内容，还充分表现了蒙古族民间艺人高超的演唱技艺和杰出的艺术才华，而且对整个内蒙古中西部地区的语言、民俗、文化、历史等研究而言都有着一定的史料价值，是我国文化艺术宝库中比较难得的一份艺术珍品。

二人台

二人台是在内蒙古、山西、陕西三省毗邻的蒙汉杂居之地，形成的一种凝聚着黄土高原农耕文化以及草原游牧文化特质的传统戏剧艺术形式。这种表演加说唱的艺术形成于“走西口”的历史过程中，是土右旗最有代表性的文化艺术形式之一。

二人台，是以民歌为母体，融舞蹈、曲艺、牌子曲、戏曲为一体

土右旗二人台艺术大师郭威和康占女表演《害娃娃》

的综合性艺术形式。

扫码领取

二人台小戏《五哥放羊》

二人台最初是在民歌的基础上发展起来的。逢年过节，一些“闹红火”的人聚在一起，在屋内、院落、村头、广场进行地摊演唱，这种娱乐活动俗称“打坐腔”。到了清咸丰初年，这种“打坐腔”吸收了姊妹艺术中的秧歌、高跷、旱船、道情等艺术成分，成为具有戏曲雏形的地方小戏“二人台”。二人台有唱、念、表演等民间戏剧元素。它在表演形式上属于“两小”戏。二人台的表演有角色的划分，有小丑、小旦或小生、小旦。表演生动活泼，唱腔洒脱奔放、委婉流畅，深为土右旗广大群众所喜欢。

土右旗的二人台艺术起源于清光绪初年，当时土右旗蒙古族艺人云双羊等第一代二人台艺人，创造了有唱、念、表演、服饰、剧情的二人台艺术。土右旗二人台是敕勒川文化的典型代表，是敕勒川文化链上众多闪光点中一颗最为耀眼的明珠。

二人台音乐分为两部分，唱腔和牌子曲。二人台唱腔音乐的表演分带鞭戏、硬码戏与对唱三类。“带鞭戏”呈载歌载舞的表现形式，侧重渲染红火热闹氛围，也叫“火炮曲子”。表演时有道具，如丑角常使用霸王鞭，旦角多使用

二人台表演

扇子等。“硬码戏”以说唱表演为主，注重基本功——唱、做、念。“对唱”是指二人交替演唱。唱腔多用民歌曲调，有些经过速度变化的处理，走向了板式化。牌子曲基本是民歌基础上的器乐化。

扫码领取

二人台对唱《五哥放羊

二人台的传统主奏乐器有四胡、笛子、扬琴，民间称为“三大件”。为了使音响效果更加丰富，表现力更强，还陆续增加了笙、三弦、手锣、梆子等。二人台道具主要有手帕、折扇、霸王鞭、纸鞭（后发展成现在的绸鞭）。

二人台对唱

二人台传统曲目有120多个，主要传统剧目有《走西口》《打樱桃》《水刮西包头》《种洋烟》《打金钱》《打秋千》《五哥放羊》《挂红灯》《牧牛》《惊五更》《打连城》《十对花》《扇子计》《借冠子》《绣花灯》等。

扫码领取

二人台名段《走西口》

随着时代的发展和人们的欣赏水平和审美趣味的变化，二人台艺人开始探讨化妆演唱。最初妆饰较简单，蒙古族艺人穿的是蒙古族服装，汉族艺人穿的是普通农民穿的衣服（后来改借农村妇女结婚时穿

二人台演奏乐队

的服装），抹上粉，踩着进三步、退半步的秧歌步子，在四胡、扬琴、笛子的伴奏下，边扭边演唱。所唱内容“多属四季、五更、十二月的一类民间小调”（《二人台初探》）。后来借鉴晋剧妆饰特点，在服装和化妆上做了很大改变（尤其是旦角），使丑、旦更加分明。从此，一丑一旦的二人表演形式也就约定俗成地发展起来。据许多艺人讲这种艺术形式是蒙古族艺人云双羊首创的。

二人台牌子曲

二人台牌子曲广泛流传于内蒙古中西部以及山西、陕西、河北北部地区，其历史可追溯到清乾隆年间。土右旗是二人台牌子曲的主要产生地和重要传承地。

二人台牌子曲演奏乐队由笛子、四胡、扬琴“三大件”乐器以及梆子、四块瓦等打击乐器组成。音乐结构为单曲变奏，变奏的次数可由演奏者按不同乐曲的表现力而定。在板式上，分为慢板—慢二流水板—二流水板—快二流水板—捏子板（快板），是一种由慢到快，由悠扬到激越的递进节奏。在演奏捏子板时，笛子“挑高音、耍花音、忽断忽续”，四胡声部“一字一弓”（与笛子相辅相成，有“填满腔”之说），扬琴在强音位置上作烘托，四块瓦随腔花奏，整体形成委婉细腻与刚健豪放完美统一的艺术音效，营造出优雅、欢快、热烈的音乐艺术氛围。

扫码领取

二人台牌子曲《喜相逢》

二人台牌子曲灵活多样，是人民群众喜闻乐见的民族民间音乐，不论走到哪里，只要有民俗活动及二人台演出，就能听到热烈质朴、风格浓郁的二人台牌子曲演奏。而且在众多民间艺人的共同努力下，二人台牌子曲形成了独具特色的民族民间音乐风格，成为我国民间音

二人台牌子曲演奏

乐的重要组成部分。

曲牌种类较多，既有中原古乐曲遗存，也有当地蒙古族民歌和汉族民间音乐内容，同时还吸收了部分宗教音乐。

从现有的资料统计，二人台牌子曲有90多首，其中《西江月》《虞美人》《柳青娘》《水龙吟》《柳摇金》《单头柳青娘》《万年欢》《小黄莺亮翅》《大黄莺亮翅》等10余首曲牌与唐教坊曲名及宋、元时期曲牌名称同名或接近。其中，《西江月》《虞美人》《柳青娘》等出自《敦煌曲子词集》。还有相当一部分曲牌是从蒙古族民歌发展演变而来的，如《森吉德玛》《三百六十只黄羊》《敏金杭盖》《喇嘛苏》《巴音杭盖》《金盏盏花》《白花》《乌苓花》《沙油圪包》《巴音厂汉》《四公主》《银镫海骝》《咕噜奔巴》《上南坡》《井泉水》《那布扎鲁》《大青马》等，其中《三百六十只黄羊》《森吉德玛》《喇嘛苏》《巴音杭盖》等曲牌比较有代表性。还有一部分曲牌是从汉族民歌、民间戏曲、民间说唱音乐、民间器乐曲及部分宗教音乐发展而来。

扫码领取

二人台牌子曲《大黄鹰亮翅》

土默特山曲儿

山曲儿的形成可以追溯到18世纪中叶的清乾隆年间，当时内地晋陕移民与当地蒙古族牧民在共同的劳动生活之余，共同创作了以蒙汉民族为主、多民族文化元素共存的新娱乐形式——山曲儿。山曲儿广泛流传于内蒙古西部、山西北部和河北北部一带，主要流行于包头市尤其是土右旗。

土默特山曲儿的主要演唱形式是对歌。男女对歌时，男女同腔，男声多用假声唱法。山曲儿常用比兴、夸张等手法，以五声音阶为基础，其旋律跌宕起伏、潇洒豪放。最值得称道的是演唱者的即兴性，想到什么就唱什么，看到什么就唱什么，走到哪儿唱到哪儿，而且所唱的内容还要合辙对称，上口押韵。语言多用乡土重叠词，亲切又生动，还具有灵俏幽默的艺术风格。

扫码领取

山曲儿《栽柳树》

山曲儿除了具有句法整齐、节奏明快、热情豪放、委婉动听的特点外，它的语言更是以幽默、诙谐、热情泼辣、鲜明的民族特色和浓郁的地方特色著称，有着广泛的群众基础。

山曲儿一般为两句体和四句体，这些口语化诗句形象生动，上下押韵，具有极强的艺术感染力，唱词鲜明生动，曲调通俗而优美。

山曲儿的伴奏乐器有四胡、笛子、扬琴“三大件”，后又陆续增加了梆子、四块瓦等。

山曲儿的主要剧目有《二少爷招兵》《达庆老爷》《王爱召》《北京喇嘛》《刮野鬼》《拉骆驼》《二狗湾》《二道圪梁》《双山梁》等。

查玛舞

查玛舞也叫“跳布战”（“布战”是蒙古语音译，意为“舞蹈”），是一种宗教舞蹈，是蒙藏佛事活动中带有故事情节的舞剧，是兼宗教、文化、娱乐为一体的民俗舞蹈。

16世纪后半叶，查玛舞由藏传佛教格鲁派传入蒙古地区。乾隆九年（1744年），查玛舞落足于土右旗小召子村的广福寺。每到农历七月初九（庙会期间）的十点到十二点，方圆二三十里的人们都赶来广福寺观看这场闻名于内蒙古西部地区的查玛舞表演。

查玛舞种类很多，内容形式各异，表演者是喇嘛。表演者头戴面具，从服饰到动作形象塑造了人格化的鸟兽神灵，具有原始性、模拟性、表演性、宗教性和娱乐性。它的场地、面具、服饰别具一格，通过独舞、双人舞、群舞的形式来演绎宗教故事。表演查玛舞所用的器具有布日（大号）、毕休日（唢呐）、格领（一种号）、钹、洞（海螺，约2寸长）、鼓、锣等。面具有牛、马、鹿、喜鹊等。大型查玛舞有28套，其中伊克塔木（骨古骨老）、伊克阿吉勤（印度神）、尤勤（土地神）、查干乌贡（老寿星）、玛亥（水牛）、钢嘎拉（白安蝶神）、哈兴哈（欢乐神）等，先后出场达40多人次；小型查玛舞有7～10套，先后出场10～20人次，有菩萨、罗汉、弥勒、沙弥、披头散发的佝偻老人、独角星面的老怪、牛头、马面……光怪陆离不一而足。

阴把缠枪

阴把缠枪是八卦缠枪的俗称，是中华武术枪法流派中的一种。阴把缠枪的形成，可上溯至汉代，即古代丈八长矛之说、九枪之法。唐以后绝世不传。清中期以后，鲁冀地区的六家拳师合演阴把缠枪并传世，山东宋景诗即是其传人之一。该枪法在今土右旗地区的流传，根据谱系记载、口头传说、专家考证，可追溯至清咸丰年间。当时，农民起义军黑旗军领袖宋景诗起义失败后，只身逃往塞外，来到萨拉齐一带（今水涧沟门村）。他隐姓埋名，化名“赵老同”，收徒密传阴把缠枪武术。从此，这门武术根植于土右旗，至今已传承六代，如今有王治农、张志让等可演示枪法技能。一百多年来，阴把缠枪在土右旗以外的地方别无所传，即使有分支亦是由土右旗传出。

阴把缠枪的基本功法有以下几种。（1）单人徒手：顺势桩功、吊膀、晃膀、马步活肩缠腕。（2）持枪掰腕：扣指、上架扎杆、四围四扎天地人三才枪法，齐枪、托枪法。（3）双人对练：二人对缠，圈枪、互拉、互扎，分定步、活步、行枪、运枪、齐枪七十二、托枪三十六法变化演示。

现存八卦缠枪的器具有：第四代传人云连珍（云连生）、程全忠所用练功大杆，长一丈零八寸，后把直径七厘米，杆头四厘米，现今光滑油亮，质地坚韧，约百年历史；对杆，九尺长，后把六厘米，

第六代传人张志让（左）和王治农（右）演示青龙戏水单叉枪

前杆头三厘米半，光滑油亮，韧性好，约百年历史；五虎四门枪。

阴把缠枪植根土右旗，在土右旗传承数代。由于代代人才涌现，习武之人众多，土右旗也被称为武术之乡。至今土右旗民间仍流传着“游四喇嘛的杆子（阴把枪）、霍茂的刀、海禅和尚会起高”的俗语。

庙　会

美岱召庙会

美岱召庙会起源于16世纪，距今已有400余年的历史。起初，其内容包括农历每月初三、十五的法会，正月初一接神会，正月十五阿勒坦汗英灵与民同乐会，四月初八释迦牟尼祭祀日，五月十五灌顶会，六月二十四佛仙会，十月二十五千灯会等。庙会一般举行喇嘛诵经、跳查玛舞等宗教仪式，也有蒙古族骑马、摔跤、射箭“好汉三艺”项目。清初至民国时期，美岱召庙会次数减少，仅保留了喇嘛诵经、跳查玛舞等祈福活动，后逐渐融入了正月十五闹花灯、转九曲、扭秧歌、舞龙、舞狮、高跷、说书、卖艺、唱戏等娱乐形式。

历史上，美岱召每年正月初五举办“上香会”。召内每隔10分钟，大号和螺号就会吹奏一次。而当地蒙古族每到正月十五，各家都要树一根灯杆，上面挂一盏红灯笼，叫“祀灯杆”，传说是成吉思汗为纪念阵亡将士而留下的风俗。正月十五这天，村里的人们争着到召内上第一炷香，求人畜平安。晚上要点燃用煤炭垒的“大旺火”，在召的对面点“九曲灯”，人们转完旺火再转九曲。九曲中间也立一根“祀灯杆”，人们转完九曲后抱灯杆摇几下，口念吉利语。这种习俗是晋陕移民传入的，又与喇嘛经会和蒙古族传统风俗融合在一起。

“经会”在每月初八至十五举行，为期8天。十五这天，经会达到高潮。诵经时，由翁吉德喇嘛（俗称“经头”）领读，其他人打坐诵颂。诵读的经卷有藏文、蒙古文两种，主要有《甘珠尔经》《丹珠尔经》《嘛呢经》《满迦经》《金刚经》等。

每年的五月十三至十五日的庙会，叫“灌顶经节”。源于明万历六年（1578年）阿勒坦汗与三世达赖喇嘛索南嘉措在青海仰华寺的会晤。当时，阿勒坦汗身着白袍来迎，筵宴行佛教之礼、诵经，并举行灌顶仪式。此后，每年五月十三至十五日，美岱召都要举行“灌顶经节”庙会。庙会开始时表演“乃琼压邪”。六位装扮成护法神“乃琼”的喇嘛，身着黑衣，头戴牛头马面面具，手执黑布鞭，站在庙门前，待活佛颁下法旨后，前两名“乃琼”用黑布鞭开道，后四名“乃琼”紧紧追赶，绕寺院“打邪”一周。之后由36位身着各种服饰的喇嘛，扮神跳查玛舞。舞毕，地位高的喇嘛在大雄宝殿内诵灌顶经，普通喇嘛在殿周围诵长寿经。之后举行“美德勒”（即“弥勒佛”）行像仪式，俗称“转召”。行像时，将弥勒佛塑像请到轿车子内，跳完查玛舞还未卸装的喇嘛簇拥在佛像前后，在召院城墙上绕巡一周，然后在城墙东南的大柳树下烧掉事先用大麦粉、乳油捏成的“八令”（邪恶之魔）。此时，召内大号齐奏，为万民祈福。行像之后，人们争相来到活佛府，让活佛摸顶赐福、消灾。最后，喇嘛们齐诵《甘珠尔经》。在鼓号齐鸣声中，庙会结束。

近年来，美岱召庙会紧扣民族团结进步和构建和谐社会主题，办成集文化旅游、文艺演出、文化展示、文化娱乐、物资交流为一体的大型文化体验活动，吸引全旗以及区内外的观光者和客商纷纷前来，每年的参与人次都在百万以上。

萨拉齐关帝庙庙会

关帝庙，民间有“关公庙”“老爷庙”“关帝祠”“寿亭侯庙”“关圣帝君庙”等多种称谓。明代以后，官方统一简称为“关庙”或“武庙”。

最初，每年农历三月十八、四月初八是关帝庙庙会，也称老爷庙庙会。庙会期间，主要有以下活动。

送油香。庙会期间，三村五地的村民都拿香表、麻油，前来敬香，民间称作“三月十八送油香”。因为庙里和尚长年累月要烧香、敬表、点万年灯，香、表、油的用量非常大，所以百姓们都根据自家所能，前来资助或许愿。庙宇正殿两旁放几口大缸，送油香的人们这家一碗，那家一壶，三百斤的大缸不到半天就倒得满满的。

“偷”灯碗碗。灯碗碗是在一块直径3寸的圆木板上，糊上黄、红、绿纸，在木板边缘围起一个碗形，里面点上油灯或蜡烛的一种简易的彩灯。“偷”灯碗碗很有讲究：谁家想生男孩就端黄灯碗，要想生女孩就端红灯碗。有的年轻女子刚结婚，不好意思去“偷”灯碗碗，就悄悄指给小叔子、小姑子去端，这样的做法叫作“偷”灯碗碗。

回香，也叫还愿。赶会的人中有不少是回香的。如得病好了的，消灾减难的，求儿求女后生下孩子的，都要还愿回香。

换和尚。“换和尚”是从“许和尚”（许愿）开始的。旧社会时，缺医少药，医疗技术不发达，孩子生病死亡率很高，于是大人就去庙里祈求神灵，向神灵许愿，让儿子借庙当和尚，让闺女当“戴花姑子”（尼姑）。这种把孩子寄托给神灵保佑的做法，叫作“寄保和尚”，意思是把孩子暂时寄放在庙里，这样鬼怪就不会侵犯孩子了。孩子健康成长到十二虚岁时，就该“换和尚”了，意思是把孩子从庙里换回家里。“换和尚”，就是用许下的承诺来换，一般用猪、羊、鸡等换，更多的是用钱换。

小召（广福寺）庙会

小召庙会原来每年正月、七月举办两次，后改为每年六月十五至七月一日。庙会期间，除念经外，还要跳查玛舞。

小召庙会闻名于内蒙古西部地区，每年的农历七月初一、初二，各地的摊贩、商店、饭馆等就到这儿布点售货，垒炉灶、搭帐篷，生怕来迟了无落脚之地。到起会那天（初七），这里早已人山人海，方圆二三十里人如潮涌。广福寺周围此伏彼起的叫卖声、嘈杂声，大喇叭播出的乐曲声，成为一曲优美动听的交响乐。但这还不是高峰，最热闹还是正会那天（初九）。

善丹尧龙王庙庙会

龙王庙坐北向南，坐落在善丹尧村东，由戏台、山门、庙和禅房组成，占地面积约6500平方米。善丹尧龙王庙会每年七月、九月举办，每次7～14天，其中七月庙会的主旨是求神、敬神，九月庙会的主旨是庆丰收（也叫茬罢会）。庙会期间的主要活动是唱戏、商贸和求神敬神。

每次庙会的前十天，来自山西、北京、呼和浩特、包头、萨拉齐和托克托县的商人拉着各种商品，络绎不绝地来到善丹尧村。会场的东边、南边和北边是繁华的销货场地，大大小小的帐篷和露天小摊数不胜数。饭馆出售的主食有水饺、烧卖、蒸馍不等，副食有炖肉、各种炒菜、各种美酒和干货糕点，种类繁多。那些标有北京德华兴字号的帐篷里摆着各种丝绸、布匹，山西、托克托县和呼包两市的帐篷里摆着各色棉布、土布、鞋袜、搪瓷用品、纺织品、药品等。牲口市场设在戏台的东南面，木桩上拉几根大绳，大绳上拴着牛、马、驴、骡。牙行经纪人有的大声夸赞牲口的各种好处，有的忙乱地扳着牲口的嘴唇看口齿，有的捋袖伸手到对方的袖口捏价钱，互说行话。露天货摊上还摆着各种乡村土特产品等待交易。戏台的西边是赌博场地。

晌午一过，戏场热闹起来，逛会的人们一齐涌向戏台。戏场内人头攒动，摩肩接踵，人山人海；戏台上锣鼓声声，演绎着悲欢离合，悲剧戏让人不禁落泪，滑稽戏又使人捧腹弯腰。戏场内外各种声调汇聚成一首浓厚的庙会协奏曲。

虽说赶会的人非常多，可是会场秩序保持得比较好，因为西官府会派三十多个巡会兵管理庙会秩序，他们昼夜巡查、管保较严。

善丹尧龙王庙是土右旗与准格尔旗接壤地区最大的庙宇，举办时间又是两季茬罢的农闲季节，商人利用这个时机低价换取农副产品，推销商品，获取高额利润，农民借机出售自己的粮米及皮毛等农副产品。

中华人民共和国成立后，庙会继续举行，并赋予了新的内涵。

土右剪纸

土右旗民间剪纸在清朝时随“走西口”移民由山西传入。剪纸内容将农耕生活与游牧生活相融合，线条或细腻或粗犷，构图古朴，形象逼真，人物、动物栩栩如生，艺术地再现了蒙汉劳动人民的现实生活，受到人民群众的普遍欢迎和广泛好评。土右旗的剪纸艺术与时令节庆、人生礼仪有着密切的关系。

以前每年过春节，家家户户都要贴窗花，四角还会贴四个角花。

土右旗剪纸作品（一）

土右旗剪纸作品（二）

剪纸的题材，有十二生肖、民间传说、民间故事等，也有反映生活的，如花鸟虫鱼，有祝福类的，如“喜鹊登梅”。随着时代的发展，人们渐渐把纸糊窗户改换成玻璃窗户，贴窗花的习俗也逐渐消失，剪纸也逐渐成为一门民间艺术。

民间剪纸艺术作为一种传统文化，在土右旗世代相传，其浓厚的生活气息和所承载的厚重乡土文化，受到民间民俗文化艺术界的关注和重视，土右旗剪纸被列入自治区非遗保护名录。

土右旗剪纸的包头市级非遗项目代表性传承人曹银凤，其剪纸作品曾参加在杭州举办的国际剪纸大赛，并荣获金奖。曹银凤的剪纸作品题材广泛，不但有和生活民俗相关的传统题材，也有以当地口传故事和喜庆节日情趣为观照对象的现实内容。她根据剪纸纹样的功能需要和表现题材随形剪样，形象逼真，线条流畅饱满。她的作品中积淀着传统文化内涵以及民俗寓意和吉祥象征，如《龙凤呈祥》《十二生肖》《正月十五闹元宵》等。而以贾振国为代表的年轻剪纸家们则更热衷于对现实生活的表现，如

《新农村系列剪纸》等。

一把剪刀，几张纸片，艺术家们用独特的艺术灵感，用夸张、变形、比喻、象征等艺术手法，通过点、线、面的剪纸符号，将世间万物悟化于心，高度凝结于剪纸作品之中。

炕围画

土右旗地处内蒙古西部，冬季气候寒冷，居民住宅内一铺约八平方米的土炕，是人们休息和取暖的设施，被褥则被叠放于炕角。因怕墙身弄脏被褥，人们多围绕墙面刷一个约70厘米高的围子，俗称“炕围子”，又叫“腰墙子”。民间艺人在上面画上各种各样的花边、图案，再刷两层清漆罩面，即是炕围画。炕围画，曾经是土右旗城乡居民住宅必不可少的装饰。

炕围画，这一民间美术体裁源自壁画，这在我国古代建筑中并不少见，如美岱召壁画，山西“乔家大院”“范府大院”的彩绘墙壁。炕围画是汲取古代建筑中的绘画艺术精华，结合人们喜闻乐见的生活内涵，采用古老的壁画艺术，融入民族文化特色而发展起来的。彩绘油布、风景玻璃是在炕围画的基础上发展而来的。

中华人民共和国成立后，广大农民安居乐业，生活水平不断提高，住房条件也在不断改善。不论是五六十年代用土坯垒的“一门一窗”式房屋，还是70年代初时兴的四角砖及土坯垒的“六大眼玻璃门窗房”（“四爪子落地”），80年代的砖木结构“洋式”样住屋……人们都会请画匠在居室内画个炕围

炕围画《喜上眉梢》

子。鼎盛时期当数20世纪七八十年代：谁家要是准备娶媳妇，首要便是画个“炕围子”。

画炕围画的人一般被称为“画匠”，他们都具有绘画的特长，工艺方面继承了壁画的绘画技法，进入现代还融入油画、水粉画、版画等多种技法。炕围画按制作工艺的繁简和用户的要求，大致可分为两种：做工精细的叫“二细”炕围，简单的叫“二道眉”。

炕围画由花边和“池子”（画人物、山水、花鸟草虫等的地方）两部分组成。花边以“万”字边为代表，其次还有褪色边、连珠边、混色边、折带边、“工”字边等。花边是否工整和匀称可以看出一名画匠的功底深浅。衬托池子的部分叫“开池子”，典型的是“卷云池”。“池子”分正池和副池。正池内多画人物，早些年以《三国演义》《水浒传》《西游记》《杨家将》等书中的人物为主，也有画《西厢记》《花木兰》《白蛇传》等戏剧中的人物的，“文化大革命”时期改画样板戏人物剧照、工农兵形象。山水画主要画名山大川、亭台楼阁，后来又画红旗渠、南京长江大桥、火车等。副池内多安排走兽、花鸟、草虫等，常见的有龙、凤、狮、虎、鹰、鹤、锦鸡、雄鸡、猫等，花草类有梅、兰、竹、菊、牡丹、月季等。

炕围画这一民间美术体裁，从内容到形式，无不体现了中华民族的传统文化内涵。如“万”字边寓意“万事如意”，连珠边寓意“珍珠滚滚”，最为流行的“卷云池”寓意吉祥。

油布画

土右旗油布画这一传统手工技艺传承了古代壁画、建筑、庙宇、条屏中的绘画艺术，是广大人民群众追求环境美、心灵美、艺术美的综合表现形式。中华人民共和国成立后，它在民间得到广泛的普及和运用。

以前，土炕上面铺的是用芦苇皮编的席子，既不耐用也不耐脏。后来，人们用白布（或条布）缝制成炕一样大小的整块炕布，用清油打底，在上面画上各种图案，再以清漆罩面，这种绘画艺术被称为“油布画”。油布画装饰的炕布既防水、防潮、防烫，又美观大方。

油布画继承了古代壁画和古建筑绘画精华，并融入了民间、民族文化的精髓。其颜料主要是清油和清漆，工具是油画笔。油布画在内容上体现了人们对美好生活的追求和祝福，如“龙凤呈祥”“锦上添花”“龙腾虎跃”“鹏程万

土右旗农村20世纪60年代的油布画

里”“松鹤延年”等，还有松、竹、兰、梅、牡丹、月季、玉兰等花草类图案。

元宵节习俗

土右旗元宵节的主要活动是夜晚放灯、挂灯笼，前后几天还会组织各式各样的活动。土右旗元宵节当晚，天上明月高悬，地上彩灯万盏，光明如昼，人山人海，热闹非凡。当地把元宵节期间的各项活动统称为“闹元宵”，又称“胡闹三官”，一般要大庆三天，即从正月十四至十六日。元宵节活动主要有办灯展、扭秧歌、踩高跷、舞龙、耍狮、放烟花、转九曲等。

正月十四、十五、十六三天，各乡镇村的文艺表演队都来到萨拉齐镇进行集中的街头文娱表演。旧城区主街道大北街、大南街两侧人山人海，多支文娱表演队身着华彩艳丽的表演服装，流动表演。长街涌动欢乐潮，万众欢腾度佳节，把传统节日烘托得喜气洋洋、其乐融融。

从2012年开始，萨拉齐生态公园每年正月十四到十六日晚上都会举行传统的“转九曲”活动，为新一年风调雨顺、五谷丰登祈福，为人民群众家庭幸福美满、人人健康快乐祈福。届时，全旗有数万名群众热情参与。

元宵节文娱表演——踩高跷

元宵节文娱表演——扭秧歌

传统婚丧嫁娶习俗

传统婚庆礼仪习俗

土右旗汉民族婚俗源远流长，有一套完整的礼仪，即“纳彩”“问名”“纳吉”“纳征”“请期”“亲迎”，被称为“六礼”。“纳彩”即男家请媒人向女家提亲，后人叫“说媒”；“问名”即双方交换年庚，近代称之为“换龙凤帖”，然后卜卦“合婚”；“纳吉”即“订婚”；“纳征”为男家向女家下聘礼，俗称“彩礼”；“请期”就是选择好婚期吉日，并征求女方意见；“亲迎”即迎娶新娘。到了现代，自由恋爱兴起，仪程更趋简化，不过媒人(介绍人)通言、相亲、订亲和迎娶等习俗仍有一定保留。“六礼”中以“亲迎”内容最为丰富多彩，主要习俗有铺房、哭嫁、撒谷豆、举火、泼水、障面、穿红衣、新娘足不履地、坐花轿、跨马鞍、拜堂、撒帐、交杯、闹房等。

娶亲要选在良辰吉日。娶亲时，走在队伍前的是一对男童，每人一手提灯笼，一手拿把干草。随后是鼓匠，一般6~7人，其核心人物是吹唢呐者，沿街吹奏《得胜鼓还朝》。鼓匠后是花轿和骡马轿车。花轿用红幔翠盖，上面插龙凤呈祥，四角挂丝穗。有钱人家娶亲为五乘轿，其中花轿三乘，娶亲路上女迎亲者坐一乘，其余二乘由压轿男童坐，迎回时新娘、迎亲、送亲各坐一乘；另有二乘蓝轿，用蓝呢子围盖，上面插铜顶，新郎、伴郎各坐一乘。老百姓称这样的迎亲队伍为“小登科”，旧时，就是巡检、县老爷乘车马遇上迎亲队伍也得停下让路。

娶亲队伍回到大门口，先是放鞭炮驱灾压邪，然后两位老妇手拿油灯把灯笼点着，把干草烧着（燃草称“祝火”），表示驱灾祈福。新郎穿着长袍马褂，身披红绸，清朝时头戴“瓜壳”帽，民国初戴礼帽，上插金花。男子插戴花冠，称“一年景”，寓“富贵”之意。新娘所戴花冠，俗称“凤冠”，冠上金凤衔珠串，金玉玳瑁理。新娘身穿犹如戏装的红蟒袍，头上蒙红盖头。新娘结婚前一天要“开脸”，即由婶娘、舅妈、夫妇、双全有子孙者修去新娘脸上的汗毛，以示处女生活结束。新郎、新娘下轿脚踩红布，沿道有亲属往新郎新娘身上撒红枣、花生、桂圆、栗子，取意“早生贵子”。

拜堂之礼，土默特地区称“拜天地”。帐（俗称“喜棚”）内放

传统中式婚礼

一供桌，习称“天地桌”。桌上放大斗、尺子、剪子、镜子、算盘、秤，称“六证”。看“六证”可知家里粮有多少，布有多少，衣服好坏，容颜怎样，账目清否，东西轻重等。民间讲只有“三媒(媒人)六证”才表示新婚合理合法。土默特蒙古族是另“六证”，即香斗、蜡烛、明镜、弓箭、羊胸岔骨、五岔上苫哈达。“拜天地”后，新娘入洞房后，新郎才可揭红盖头。

旧时婚礼宴席一般是三个盘，除一盘凉拌豆芽外，有清蒸羊肉(或炖牛肉)、扒肉条和大烩菜。婚宴不可少的是黄米糕，“糕”与“高”谐音，取“步步登高”之意，“四喜丸子”则寓意“喜庆圆满”。

洞房花烛夜要“闹洞房”，有“三天没大小”的说法。

如今的婚礼，新人穿礼服、婚纱，不少旧婚俗仪规已经简化或不再举行，但仍有许多传统礼仪在传承。比如四色礼——烟、酒、糖、茶，离娘肉——带肋骨的猪肉或羊肉，围富贵——新娘围新被子（现在一般都铺在婚车里直接坐上去），抢鞋（寓意“去邪”），吃下马饺子，洗手，插金花，给红包等。

传统丧葬礼仪习俗

送终。老人生命垂危时，子女等直系亲属守护在其身边，听取遗言，直到亲人去世，这种习俗被称为“送终”。老人临终前，家人要将其从卧房移到正庭中临时铺设的板床上，板床在较穷的地方也用临时卸下的门板代替。人死之后，家人都会烧纸钱，称为“烧下炕纸”。

报丧。家里有人去世后，家人应尽快向亲友发出报丧帖，或登门通报死讯，告知开吊下葬的日期。报丧的孝子要穿孝服，戴孝帽，到了别人家，不能进门；有人来迎接时，无论长幼，都要叩首。

吊唁。死者子女在接到讯息以后，尽一切努力尽快上路奔丧。到家后，在灵前跪叩，哭悼。亲友前来吊唁时，子女要陪同。

入殓。死者入棺前，要为之整容，如剃头、刮脸、洗身、穿寿衣等，然后再以白绸(有的地方也用纸钱)掩面。为死者穿衣时，忌讳将眼泪滴到死者身上。在二十四小时内，要选择好时刻，将尸体移入棺中。入棺时，死者一般是头朝里脚朝外。

守灵。死者入棺之后，家人守护、睡卧在棺旁，叫“守灵”。

停棺。因为要选择吉日吉地安葬死者，因此可能要停柩在家几日，这种习俗被称为“搁棺”或

"停棺"，一般要七天。

出殡。出殡要选择吉日吉时。出殡之前，先"辞灵"，然后"扫材"，即把棺材头抬起，孝子放些铜钱在棺下，然后用新笤帚、簸箕扫棺盖上的浮土，倒在炕席底下，取"捎财起官"的意思。出殡时，先转棺，将棺材移出门外，再抬起棺材头，备好祭祀用品。礼生主持礼仪，丧主跪拜。礼生读完祭文后，要"旋棺"，在棺材周围绕行三圈之后，再用绳索捆好棺材，盖上棺盖。抬棺前，送葬队伍也要组织好，一般是长子打幡在前，次子抱灵牌，次子以下的孝属们持裹着白纸的"哭丧棒"，大儿媳抱"衣饭罐"。起杠前，还有两项礼仪：一是把死者生前所用的枕头拆开，把里边的荞麦皮等和枕头套一起烧掉；另一项是"摔瓦"，即把灵前祭奠烧纸所用的瓦盆摔碎。摔盆者一般是死者的长子或长孙，摔盆讲究一次摔碎，甚至越碎越好。瓦盆一摔，杠夫起杠，正式出殡。在传统丧礼出殡路上，还有几项礼仪，如扬纸钱、摆茶桌路祭等。扬纸钱是扬撒由白纸做成的状如铜钱的纸钱，一般由专人在孝子前面扬撒。在起杠后，遇有路祭、经过十字路口、河沿、桥梁、祠庙、城门以及下葬时，都要扬撒纸钱。茶桌和路祭棚多为丧家的亲朋在出殡队伍所经之路设的供桌或祭棚。

落葬。到达墓地后，再次整理墓坑，把随葬的衣饭罐、长明灯放在墓坑壁上龛内，扫去脚印，然后将棺木徐徐放下，由丧主铲土掩棺，并堆土成坟堆。

居丧。在亲人去世之后的一段时间里，必须要在生活的许多方面进行节制，以表示对亲人的哀悼和思念，这就是居丧。居丧之礼节，对于孝子要求更严。

红白事宴致词习俗

当地把婚庆宴称为"红事宴"，把丧葬礼宴称为"白事宴"。事宴当天，会有并没有议程安排的"打莲花落"艺人到现场说上一段快板儿词，事宴主家须付给赏钱。在红事宴上说快板词称作"道喜"，适用于所有红事宴；在白事宴上说快板词是祝福，仅限于寿终正寝的老人葬礼。

《婚礼道喜词》：

走得慌忙来得快，
刚赶上新娘把天地拜。
一进院喜气生，
老少东家众位好亲朋，
听我念喜的说分明。
有钱的亲家朋友是攒忙又搭礼，
没钱的穷朋友是送喜。
国家颁布婚姻法，

男二十女十八，
二人同意把婚结。
你同意是她同意，
两口子相跟上到民政结婚去。
朝阳阳瓜子糖蛋蛋，
把香烟放在一畔畔。
吃了纸烟结了婚，
两口子相跟上回家中。
婚姻自主真合法，
爹又喜娘又乐。
喜桌上好摆设，
左是台灯右是蜡，
正面请的毛主席。
一拜毛主席万寿无疆，
二拜父母亲养育之恩。
大红公鸡软翎翎，
两口子都是那袭人人。
男人做饭带扫院，
女人坐在炕上
圪都板嘴做针线。
女烧火男打炭，
女包饺子男捣蒜，
看人家那光景过得多好看。
过了三年并二载，
生下一个小孩孩。
小孩孩笑嘻嘻，
腿板圪夹的一个小鸡鸡。
爷爷看奶奶亲，
小两口过一辈子，
美满幸福的好光景。
代东的看见我念得不赖，
就把我请在厨房以内。
喜酒喜烟喜钱在外，
喝酒抽烟热情招待。
代东的给我吃肉，
临走喜点心喜糕，
给我拿了个管够。
我沾的东家的光，
领的代东的情，
五湖四海去传名。
远传州近传县，
五湖四海都传遍。
东家是做甚甚顺，
我给东家念吉庆，
人才辈辈都长胜。
《葬礼祝颂词》：
人的名头树的荫凉，
千里送喜到府门。
请起老少东家，
再请代东的先生。
一进院用目观，
观见鼓匠师傅在两边。
鼓匠老师傅住住手，
听我念喜的说根由。
白鬓白发似银条，
千年的枯树怕风摇。
家有黄金千万两，
难买生死路一条。
远瞭灵棚赛雪山，
近看灵棚白布幔。
上打的灵罗伞，
下扎一座紫金棺。

紫金棺亮又鲜，
去世的善人在里边。
童男童女分左右，
院公院婆把茶端。
亲戚朋友来吊丧，
儿女子孙泪涟涟。
金灯塑、银蜡纤，
一对对摆上边。
金童玉女来送饭，
呼啦啦的轿车停在前。
左金山右银山，
白龙马扣银鞍，
拉马的童儿把马拴。
立高杆挂扬幡，
大门上挂的蹲门幡。
一凤幡、二龙幡，
三才幡、四喜幡，
五松幡、六合幡，
七星幡、八卦幡，
九莲幡、十枝幡，
亲家们拿的是香幡。
灵前幡、灵后幡，
灵左幡、灵右幡。
蜂窝幡、鹅头幡，
鸭子幡、灯笼幡。
孝子扛的引魂幡，
女儿举的绣球幡，
和尚抬的八宝幡，
东家的幡多得表不完。
年年有个三月三，
王母娘娘渡花船。
船底船帮檀香木，
珍珠玛瑙玉栏杆。
二十八宿来拉纤，
四大金刚扳棹杆。
头船渡的康百万，
二船渡的沈万三，
三船渡的李翠莲，
四船渡的孟姜女，
留下五船无人渡，
我渡善人上西天。
西天路上一只鹅，
口含灵芝念弥陀。
白鹅倒有修行意，
世人不修我如何。
西天路上两座桥，
金桥就比银桥高。
金桥下边长流水，
银桥两边哭号啕。
手拿千张纸，
迈步到灵前，
我给善人把纸点。

风味特产

HUASHUONEIMENGGUtumoteyouqi

风味特产

FENGWEITECHAN

“民以食为天”，在广袤的土默川上，每一个地方都有自己独特的风味名食，虽是小吃，但各有千秋，香味四溢，令人垂涎。

萨拉齐红脸酿皮

萨拉齐镇是土右旗旗委、旗政府所在地，是全国首批重点建设镇。全镇总面积102.8平方公里，规划城区面积40平方公里，辖21个行政村、1个农村社区、1个养殖园区和10个城镇社区。全镇总人口12.2万，其中农业人口2.97万，拥有耕地面积9.17万亩。萨拉齐镇先后荣获全国创先争优先进基层党组织、第八届全国人民满意的公务员集体及全国重点镇、自治区卫生镇、自治区美丽宜居小镇、市级文明镇等30多项荣誉称号。

萨拉齐红脸酿皮

萨拉齐的“红脸酿皮”是呼包鄂地区的驰名品牌。酿皮的原料是白面，其制作方法是：把面粉和成面团，然后放在有适量凉水的盆中不断挤搦，直至留下一小块面团为止。把面糊舀入特制的旋子中用开水蒸熟，熟后面糊变成面皮，再放入凉水锅中，揭下的即是酿皮，其中层薄者为上品。面团放入笼屉蒸熟，即是面筋。食用时，把面皮、面筋切成小条，浇入盐汤、辣椒、鲜菜、葱油等小料即可。酿皮软滑筋道，味美可口。

随着市场的扩大，盐汤的制作也有了创新，在传统盐汤制作基础上，加入熟胡油、鸡汤及丰富多样的香辛小料，使盐汤变得既有黏稠感又没有黏结凝固，一改过去清汤寡水的感觉，看上去红茹茹的，而且吃起来清香醇厚、辣不刺喉，成为塞外有名的美食佳品。

九峰山扎蒙拌汤

九峰山扎蒙拌汤是当地人早晚喜吃的一种面食。和面时，在白面或豆面中边滴入凉水边搅拌，直到没有干面为止，但也不能形成较大的面疙瘩，以散碎面疙瘩为佳，边搅拌边倒入煮好土豆丁（也可不加）的开水锅中。煮熟后，即成拌汤。拌汤中的面疙瘩以不黏成大块也不煳锅底为好。另取一个铁勺，倒入适量胡麻油置于火上，待油七

九峰山扎蒙拌汤

分热时，放入扎蒙、芝麻、花椒粉、干姜粉、葱姜蒜等调料，炝出香味后倒入拌汤中，再放入适量盐、酱油等调好口味，即成扎蒙拌汤。拌汤中还可放入菠菜、香菜、韭菜等鲜菜。

美岱召熏鸡

美岱召镇是土右旗规划建设的新型中等城市副城区，全镇总面积280平方公里，其中耕地面积14万亩，辖21个行政村、48个自然村，有1.2万户、3.9万人。

在土右旗，风味独特的美岱召熏鸡，饱受赞誉。美岱召熏鸡造型美观，皮色金红，肥而不腻，烂熟不散，皮脆肉鲜，清香适口，物美价廉。

美岱召熏鸡的制作要经过宰杀、煺毛、开膛、取内脏、刨内金、碱水洗、清水冲、料水浸泡、编鸡造型、控水入锅翻煮、出锅熏制等十多道工序。其中最重要的是

美岱召熏鸡

卤汤煮鸡，其佐料主要有花椒、大料、干姜、小茴香、桂皮、丁香、酱油、食盐等。

美岱召熏鸡，最早制作于20世纪30年代，为一邢姓商贩制作而成。1947年，有一位从呼和浩特市迁居美岱召的满族厨师刘广义善做熏鸡，并批发给小贩在美岱召、萨拉齐火车站叫卖，或在列车上流动销售。至此，熏鸡逐渐有名，且村中多人仿制，形成相当规模。1962年，新疆某部复员战士崔树生回村与刘广义联合制售熏鸡，崔树生把在部队学到的熏鸡技术与本村的传统技术相融合，并加以改进，逐渐形成今天“美岱召熏鸡”的独特风格。1979年，内蒙古电视台特地到美岱召熏鸡的产地何家圐圙村拍摄了《美岱召熏鸡》电视专题片。

海子驴肉馅饼

海子乡位于土默川黄灌平原腹部，北与萨拉齐镇相接，南以黄河为界与鄂尔多斯市毗邻，总面积196.04平方公里，辖9个村民委员会、185个村民小组。

在海子乡二十四顷地村一带，驴肉馅饼是一种普通的家常食品，也是最具特色的传统风味食品，深受当地及周边地区人们的推崇，也受到游客的普遍青睐。做馅饼时每个步骤都有讲究：首先要选用上好

海子驴肉馅饼

的面粉，面要和得软柔；驴肉要现杀的，并且要手工切制，做馅料时要加足胡油、酱油、盐等调料，还要加高汤，然后打芡，并顺一个方向搅拌，最后加入葱、姜末拌匀；烙饼时，讲究两面抹油，慢火烙制。

苏波盖香谷米

苏波盖乡位于土右旗东部，距萨拉齐镇17公里，紧靠国道110线，地理位置优越。全乡总面积163

苏波盖香谷米

平方公里，辖17个行政村、20个自然村，是土右旗的农业大乡和粮食主产区。

香谷米，是苏波盖乡特产之一，以味道清香、鲜美而闻名。香谷米之所以闻名，一是品种优良，二是浇灌的水非同一般。浇灌香谷米的水出自大青山南麓的深井地下水，含有丰富的人体所需矿物质和微量元素，做出来的米饭有特殊的香味，故被称为“香谷米”。

据老人们说，清朝时期，苏波盖香谷米是宫廷御用贡品，年年进贡，香谷米也随之身价倍增，供不应求。时至今日，香谷米仍然为人们所珍爱，成为土右旗休闲旅游景区景点“农家乐”农家饭的一大特色，也是一种馈赠佳品。

这里的农作物一年只种一季，生长周期长，各种营养成分充足，所以这里的香谷米品质最好，用香谷米熬制的米粥盛在器皿中放一会儿就会出现一层薄薄的饼一样的米油。

双龙杀猪烩菜

双龙镇位于土右旗东南45公里处，地处呼包鄂三市交界地带，与准格尔旗、托克托县、土默特左旗毗邻，区位优势明显，交通发达。全镇辖31个行政村、70个自然村，有1.1万户、4.3万人，总面积248平方公里，是土右旗的农业重镇和包头市的东大门。

双龙镇的杀猪烩菜，是当地进

入大小雪节令后的一种特殊饭菜。过去，农户一年四季鲜有肉食，只有进入冬季肉能存放时才宰杀猪、土豆入窖后没有过水气，因此干沙可口，不黏不煳。现今，杀猪菜越来越受青睐，成为一道最可口的下

双龙“杀猪烩菜”

鸡等。杀猪时，三邻五舍都来帮忙。事毕后，主家取猪脖子一块肥肉（俗称“槽头肉”），配上腌制好的酸菜、土豆、豆腐、粉条，烩一大锅菜，再焖一锅糜米饭，配上高粱酒，款待众人。对没来的近邻，主家也会小盆大碗地挨家挨户送。

杀猪菜比平日的烩菜好吃，有味道。一是因为是现杀肉，且现切现煸现烩，营养成分几乎没有流失，因此出锅时肉香四溢、肥而不腻，十分鲜美可口。二是当地家家户户每年秋后都腌制大白菜，到大小雪节令时，正好可食用，其鲜嫩酸甜适口，正是猪肉的绝配。三是饭菜。同时，农村也将请亲朋好友吃杀猪菜作为一种礼节。

将军尧羊背子

将军尧镇位于土右旗东南部，距萨拉齐镇36公里，总面积103平方公里，辖23个行政村，有4297户、17952人。将军尧交通便利，萨托、河将公路横贯境内，环乡路串联各村；水利设施完善，团结渠、北扬干、民利渠穿越境内。

将军尧镇的羊背子在当地及周边地区都有很高的知名度。羊背子，蒙古语称“乌查”或“秀斯”，是蒙古人最喜欢、最名贵的佳肴，只有在祭祀、婚嫁喜事、老

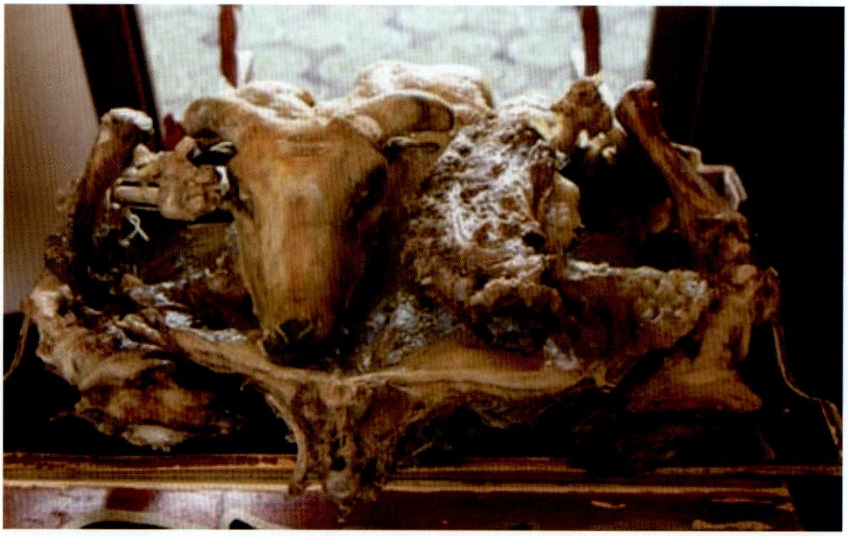

将军尧羊背子

人过寿或欢迎亲朋贵宾的宴席上才能见到，其做法和吃法都很讲究。首先按照骨关节部位，把全羊卸成七大件（除去胸岔），连头带尾入锅，添加凉水（切忌热水中下肉）。待锅开后，加入少许盐。煮肉时，要把握好火候，肉刚熟即出锅，这样的肉脆嫩且味道鲜美。如果过了火候，肉就会变老，口感不适，还得回锅煮烂才能食用。肉出锅时，在大盘上先摆四肢、羊背颈胛，羊头放在羊背上，似羊的趴卧姿势。

羊背子上席后，客人先用蒙古刀在羊背上划一个十字，然后主人用刀从肥厚的羊尾巴上划下一条10厘米左右的肥油，放在客人的右手掌上。客人将此油吸入腹中（不得在口中咀嚼），然后饮酒润喉。而后，客人就可各取所需，尽兴品尝了。

明沙淖黄河鲤鱼

明沙淖乡位于土右旗西南部，西与包头市九原区接壤，南与鄂尔多斯市隔河相望，距旗政府所在地萨拉齐镇15公里。这里土壤肥沃，水源丰富，交通便捷，民风淳朴。全乡总面积260平方公里，人口3.5万，辖18个行政村。

明沙淖黄河鲤鱼

明沙淖乡境内的黄河几次改道后留下了许多故道、水塘、海子，这些地方常年生长着丰富的鱼类，尤其是黄河大鲤鱼、黄河大绵鱼（鲶鱼）、鲫瓜子（鲫鱼）。它们或肥硕，或鲜美，成为当地特色，备受人们喜爱。

鱼在冬季河面冰封的情况下生存，需要减少活动量、减少吸氧量，这样就造成了皮下脂肪的堆积、增厚，因此春天开河后的鱼会特别肥硕、鲜美。住在黄河边的人，在河刚开后，把捕到的鱼加些盐、辣椒、茴香、葱、蒜，用黄河水慢火炖熟，其味道特别鲜美，再焖一锅新碾的糜米饭，就是当地道的传统美食——糜米焖饭开河鱼。每到春季开河时，呼朋唤友开着车去河畔吃开河鱼已成为新时尚。

沟门猪肉勾鸡

沟门镇辖13个行政村、1个社区，总面积178平方公里，总人口30575人。沟门镇地理位置优越，国道110线、呼包高速公路穿境而过。境内资源丰富，风光秀丽，是土右旗对外形象展示的重要窗口。

猪肉勾鸡是沟门镇人居家和待客的一道招牌菜。其做法是先把猪五花肉切成小斜块，把鸡肉剁成大块。将鸡肉用开水氽一下，去掉浮沫备用。锅热后，放入猪肉块煸

沟门猪肉勾鸡

炒，待出油、猪皮略有卷曲时，下大料、花椒、葱、姜、蒜、酱油、盐，煸出香味后，将鸡块放入锅中煸炒，直至料汁均匀后，加水慢火炖至熟。

烧　卖

烧卖（也称“稍美”），是当地极负盛名的一道传统美食。烧卖是个十分讲究的美食，从选料、配料、拌料、和面、擀皮、蒸制、火候、吃法等诸多方面都有讲究，有规范的程序。

在馅料的选择上，烧卖馅所用的肉一般都是牛羊肉，以鲜肉为佳。选肉一般遵循“肥三瘦七”的

烧卖

原则，这样的肉做出来的烧卖不腻口、不垫牙、不干瘪，口感爽滑，口味最佳。肉馅需为手工刀挫小方丁，不能有连刀肉。馅里的葱一般选择嫩葱，最好的葱是羊角葱和二叶葱。拌馅的佐料有花椒、干姜、胡麻油、食盐。佐料用量都有严格的比例配方、投放顺序和搅拌方向。

擀皮时用特制的鼓形面杖，也叫“烧卖棰”。擀制时，先擀成饺子皮状，粘上淀粉叠在一起，十张为一叠，然后擀边墩花。成形的烧卖皮边沿皱折似花瓣，薄似纸，底心稍厚，直径10厘米左右。

蒸制时要用竹笼，开水锅上猛火蒸十分钟左右。刚出笼的烧卖，形似含苞待放的荷花，皮色晶莹玉洁，能透视内里的肉馅。烧卖馅大皮薄，用筷子夹起垂悬时似胶囊，放入食碟中又像花朵一样。

在清茶馆或烧卖馆吃烧卖是件非常讲排场、非常讲究的美事。几百年来，边品味烧卖的清香，边饮用醇厚的浓茶，同时谈天说地、传播见闻，成为当地的一种饮食风俗。

氽羊肉面

氽羊肉面的做法是，将羊肉切丁或切丝放入碗中，加入葱姜蒜丝、调味料、盐、味精、酱油、胡麻油、水适当腌制。在开水锅中下面条或面片，待面煮熟后迅速倒入腌制好的羊肉汤料，搅均匀、汤开后即可食用。其特点是葱油香气扑鼻，羊肉鲜嫩。另有在下面前先煮入土豆条、豆腐或鲜菜山珍等的做法，别有一番滋味。

氽羊肉面

羊杂碎

羊杂碎在土右旗颇有盛名，是深受当地人欢迎的一种价廉味美、到处可见的风味食品。当地的做法也颇为传统，正宗的羊杂碎，讲究“汤”“料”“味”三要素，汤要老汤，料要新鲜，味要奇香。

羊杂碎做法中最讲究的还是“老汤羊杂”，即用陈年的老汤制成的杂碎。制作羊杂碎时，先将羊肚、小肠、羊头煺洗干净，放入汤锅煮熟，捞出待用。再将新鲜的羊心、羊肝、羊肺等清洗干净，切成薄片或碎丁，放入老汤中慢火煮熟。然后再将煮熟待用的羊肚、小肠、羊头肉等切碎，一并放入锅内稍煮。最后，把羊油炸出的辣椒糊和新鲜的香菜、葱末依次放锅中。

羊杂碎

这样，一锅奇香四溢的羊杂碎就算做成了。

羊杂碎鲜红油亮，吃在口中肥而不腻，鲜美的汤、料更是令人胃口大开。尤其是冬日严寒的清晨，吃一碗又烫又辣的羊杂碎，会让你觉得好像是在肚子里装了一个小火炉似的，温暖如春。

吃杂碎时，一般要在饭桌上放一碟鲜红的油煎辣椒糊，一碟晶莹洁白的细盐面和一碟新鲜嫩绿的香菜段，是吃羊杂碎必不可少的“佐餐三味”。食者可根据各自口味的不同，或咸或辣，自行调兑碗中的汤味。

蛤蟆含蛋

蛤蟆含蛋有点类似现在的肉夹馍，其做法是把现烤的白饦从中间划开，撑开后仿佛蛤蟆张开的大嘴，再将切好的大刀肉或喷香的卤煮肉填进去。

蛤蟆含蛋之所以别有风味，除了用陈年的老汤煮肉外，夹肉的白饦是关键。白饦的制作在和面上就很讲究。首先麦子面需是上好的。其次和面时用的“面肥”（提前发酵的面）要适量，碱水的配兑要适当，面剂子大小要揪得适中。用面杖擀制成薄圆、中间空而不沾面的面坯，然后放到干货炉上烤制。因为上下有火，受热均匀，所以烤制时不用来回翻动。它既不像面包那样松软，又不像白焙子那样硬，酥中有香，柔而带脆，不薄不厚，中间虚空。

蛤蟆含蛋

粉　皮

粉皮也是土右旗夏季消暑的传统小吃，深受当地人的喜爱。

粉皮的传统做法是以绿豆粉为原料，配以适量的白矾、水，搅成稀糊状，在锅里边加温边搅动，直至熟透成黏稠糊状。案板抹油后把绿豆粉糊倒上去，用特制的竹或木刮板刮平刮薄，待凝固卷成圆柱，切成15～18厘米长段即可。吃时再用小刀把圆柱切成2厘米宽的圆圈，放入碗中，浇入特制的盐汤，佐以

粉皮

黄瓜丝、水萝卜丝、香菜、蒜末、辣椒面、熟芝麻、胡油，搅均匀即可食用。粉皮咸酸可口，油香扑鼻，是夏季的美味佳肴。

炸油糕

黍子去壳后当地人俗称黄米，因其黏软筋滑而成为人们做糕的主要原料。

蒸糕时需要把握黄米的产地、黏性、水量、火候等。蒸糕时既不能压气又不能漏气，更不能窜气。好的蒸糕筋而不粘，不夹心，无生粒。

搋糕讲究手快眼快用力均匀，手蘸凉水的次数少，几掌下去便龙身三翻、凤凰三点头，糕团揉制均匀，光滑筋道。

炸油糕

黄米糕有两种吃法：一为炸糕，一为素糕。炸糕是把搋好的糕团揪成小剂，捏成圆片，也有往里面包入豆沙、糖、韭菜等素馅的，入油锅炸成金黄色，即可食用或贮存。素糕是把搋好的糕团揉制成直径约10厘米的圆柱，待冷却后切成圆片贮存。贮存的炸糕、素糕上笼馏软即可食用，称为“熇糕”。

炖驴骨头

炖驴骨头时要用老汤，慢火长时间地炖制。上菜时，把熟肉剔下切块，下面垫以骨头，这是各家驴肉馆不成文的传统。除了炖驴骨头、炖驴肉外，一些驴肉馆还衍生出驴肉饺子、驴肉馅饼、涮驴肉等特色食物。

炖驴骨头

莜　面

莜麦经剥皮炒制后磨成粉即为莜面。莜面的制作既简单又讲究，俗称“莜面三熟”，即莜麦炒

“熟”，面用开水泼“熟”，和面制作后蒸“熟”，经过捏、搓、团，可做出几十种花样。最常见的是搓成条条或捏成鱼鱼，细心些的推成极薄的窝窝或包成角角，也有为稀客裹成夹心面包似的莜面囤囤。

莜面的吃法有多种。

凉汤拌食。用腌咸菜汤少许，加入水、醋、酱油、盐、味精、黄瓜丝、水萝卜丝、姜末、蒜末、西红柿汁、香菜、韭菜，再用胡油炝芝麻、葱花、花椒、扎蒙花倒入其中，这种汤俗称“盐汤”。辅以煮熟的土豆、豆角、豆芽、去皮的茄子，其味道十分鲜美可口。如果恰值腌烂腌菜时期，拌入少量烂腌菜，味道会更好。

热汤拌食。热汤又分素汤、肉汤。肉汤一般是羊肉臊子、土豆汤或猪肉臊子、土豆汤。

第三种吃法是炒莜面，即把蒸熟的莜面条条、窝窝和煮熟的土豆切条倒入炝了葱花、蒜末的胡油中炒食。

还有一种吃法是氽莜面，即把蒸熟的莜面鱼鱼倒入用肉丝、土豆条、酸菜或猪肉、羊肉熬制的汤中即成，口感软滑。

另外，用山药和莜面又是一种吃法。把煮熟的山药剥皮，搓碎撒上莜面使劲搓，直至搓绵搓筋，再捏成一寸多长的小鱼鱼，俗称“山药鱼”。也有的人家把熟山药搓碎撒上莜面再拌些蔬菜、肉末等加上调料捏成丸子，上笼蒸熟，蘸酸辣汤或羊肉汤吃。

酸　饭

酸饭是土默川一带的一种传统主食，是用发酵成酸味的具有黏性的浆汤做成的米饭。原料主要是当地的糜米、黄米。

酸饭

酸饭有一种令人难以言状的非常香美的特殊酸味（乳酸）。由于发酵过，食后肠胃特别舒服。吃法有酸焖饭、稠粥、稀粥。

当地人说酸饭养人，而且有解渴下火的作用。过去有的人家，甚至习惯于一天吃“三酸”，即早餐吃酸粥，中午吃酸饭，晚上喝酸稀粥。

吃酸饭不需配什么肉菜，最合套的就是胡油炝腌菜或烂腌菜，类似于现在的“泡菜”。尤其是烂腌菜，营养丰富，味道鲜美，酸甜可口，用以配食酸饭，绝妙无比。酸饭拌油炸辣椒，更是香味醇浓，别具风味，故有“辣椒子抹粥——挺抖”的说法。

还有用野生苦菜就酸饭的。把苦菜用开水焯一下，加点盐，淋点香油或胡油，就上酸饭吃酸甜苦辣味道均有，十分奇特。

涮羊肉

传说元世祖忽必烈统率大军南征时，人困马乏，饥肠辘辘。部队停下来准备炖羊肉时，探马来报，敌军大队人马袭来，仅距驻地十里。忽必烈一边下令部队开拔，一边喊着：“羊肉！羊肉！”可这时炖羊肉已经来不及了。厨师急中生智，飞快地将羊肉切成片放入沸水锅里搅拌，待肉色一变即捞在碗里，撒上盐、葱花、姜末，送给忽必烈食用。忽必烈食后迎战获胜，当即赐名此菜为“涮羊肉”。从

涮羊肉

此，涮羊肉成为宫廷佳肴。

清光绪年间，涮羊肉流传至民间。由于地区习惯和条件不同，食法各具风格。土右旗正宗涮羊肉所选羊肉多为大尾绵羊的适宜部位，将其切成适度薄片，放在火锅沸水中清涮，再蘸上已备好的芝麻酱、腐乳、韭菜花、辣椒油等食用。

烧猪肉

烧猪肉也叫扒肉条。其做法是将带皮腰条肉（也称五花肉）切成10~20厘米的方块，煮至七成熟时停火备用。将五花肉炸至深棕色之后，捞入笼屉冷冻，待半冻时切薄片装碗入笼，先干蒸半小时，将油蒸出，再加入大料、葱姜蒜段、料汤，继续蒸一个半小时即可。这道菜是土右旗最有特色、最讲究的肉食，无论居家日常还是宴席都是必不可少的。

炒 米

炒米是把糜子煮过再炒熟后碾去外壳而得的米粒。加工好的炒米，色黄而不焦，米坚而不硬，晶莹明亮，泡在奶茶中酥香可口。

古时候，炒米用石碓、石磨去壳，用簸箕去大糠，再用箩子去细糠。现在有专门的碾米机，使炒米加工更加先进，更趋向于精细化。

在日常生活中，牧民们不可一日无茶，也不可一日无炒米。在蒙古族家庭里，或用奶茶泡至柔软时拌着奶食品吃，或用白奶油加糖拌着吃，或用鲜奶煮成奶粥吃，或煮炒米肉粥吃，也可以干嚼着吃。炒米味美耐饥，吃法简便，蒙古族有“暖穿皮子，饱吃糜子”之说。日常生活中，牧民们出牧、行猎时，炒米是必备的食品，这种习惯一直延续至今。

扒肉条

炒米

奶　茶

奶茶口味极佳，富含营养，有去油腻、助消化、益思提神、利尿解毒、消除疲劳的功效。熬奶茶时，先将茶捣碎，放入白水锅中煮，煮到茶水较浓时，用漏勺捞去茶叶，再继续烧片刻，边煮边用勺扬茶水，待其有所浓缩之后，再加入适量鲜牛奶和盐，用勺扬至茶乳交融、再次开锅，即成为馥郁芬芳的奶茶了。

品尝奶茶的优劣从茶色、香气、形态和味道四个方面进行。要熬出一锅醇香沁人的奶茶，除了茶叶、鲜奶本身的质量好以外，水质、火候也很重要。一般说来，可口的奶茶并不是奶子越多越好，应当是茶乳比例相当，既有茶的清香，又有奶的甘醇，哪个偏多或偏少味道都不好。奶茶煮好后，应即刻饮用或盛于热水壶以备饮用，在锅中放的时间长了会影响奶茶的色、香、味。

喝奶茶时一般要加少许食盐，既解渴又美味。牧民喝奶茶时，还要泡些炒米、黄油、奶豆腐和手把肉，这样既能温暖肚腹，抵御寒冷的侵袭，又能够助消化，还能补充因吃不到蔬菜而缺少的维生素。所以，在牧区有一句俗话：“宁可一日无食，不可一日无茶。”

干　货

干货，几百年来成为土右旗

奶茶

的一大特色，其中一些品种颇受民众喜爱。过去，不仅清茶馆自备干货，还有专门经营干货的铺面。清末民初，萨拉齐、包头等城镇有大小干货铺数十家。

当时主要的干货有大炉干货（也叫吊炉干货），包括各式月饼、大小提浆、翻毛饼、半月儿、鸡蛋焙子等；小炉子干货，包括白饦、干垫儿、锅盔、油旋儿、五香焙子、糖三角儿、擦酥焙子等；油炸干货，包括油饼、麻花、麻叶儿、油折子、糖枣儿等；蒸锅干货，包括现蒸馍、干酥馍。

干货

沟门金杏

沟门镇的金杏别名“皇家杏、京杏”，在清朝时被列为贡品。1984年，被列为内蒙古地区的主要推广品种。1990年，经农业部鉴定，被列为我国优异品种资源。

沟门金杏果实呈卵圆形，平均单果重32.1克，最大单果重45.2克，纵径3.82厘米，横径3.88厘米，侧径3.73厘米。果实果顶呈圆形，微凸，

沟门金杏

淡黄色，果面茸毛少，果皮厚；果肉呈黄色，松脆，纤维粗、多，汁丰富，味甜酸适度。果实常温下可贮放5天左右，品质上乘。1984年，在内蒙古自治区杏果实鉴评会上名列第一名。

民间故事

HUASHUONEIMENGGUtumoteyouqi

民 间 故 事

MINJIANGUSHI

土右旗民间故事大多是无文字记载的口头传播文学，但正是这种扎根民间的文学样式才使我们的生活更加丰富多彩，对于今天仍然具有重要的价值和意义。

五哥与三妹子

作者：周涛

题记：据《土默特右旗志》记载，1870年，萨拉齐同知文山在今包头东河区磴口村东筑一坝口，逼黄河三流为一河。1871年，黄河改道。1874年，土默川唯一官渡——毛岱官渡废弃。

引 子

正月里，正月正，

正月十五挂红灯。

红灯挂在大门外，

单等五哥上工来。

19世纪80年代，改道后的黄河坑洼之处都积满了河水，而裸露的土地却滋生出一派生机。肥沃的土地吸引了无数的人聚集于此，一个个散落的村庄像雨后蘑菇般冒了出来。

五哥，姓氏已无可考，但其鲜活的故事却一直流传至今。五哥七岁丧母，十三岁丧父，留下的唯一遗产是一柄磨得发亮的羊铲和湖边两间破旧的土坯房。因在家族中排行第五，人称五哥。孑然一身的五哥随着走西口的人流来到口外，凭借随父放羊的本领艰难度日，平日里缝缝补补、洗洗涮涮都是邻村的姑姑帮助。每当过年过节，姑姑总要把五哥接到家里住上几天，表妹也常找一些姐妹来陪五哥玩耍。穷人的孩子早当家。艰难的生活过早磨砺了一个十几岁的孩子，五哥俨然大人一般，胸腹裸露着，紧绷绷似面鼓，个子大，手臂长，别人不干的脏苦累活儿都要请五哥帮忙。一次一只狼拖走了一只羊，五哥拼命地追赶，不仅救了羊，还把狼背了回来。虽然皮肉被撕破，但从此以后，他成为周村姑娘崇拜的英雄。

这一年的元宵节，姑姑照例把五哥接到家中。晚上，表妹拉了一帮本村的姐妹陪五哥看戏、观灯、转九曲。姐妹中有一个姑娘，人们都说她是七仙女转世，那脸、眉、眼、身段都透着一股灵秀，尽管穿着极平常的衣服，尽管不涂脂抹粉，但一切都浑然天成，俊得你挑不出半点儿瑕疵。她人生得好又勤快，常常甩着两条大辫子。因为是村里大财主的三女儿，村里人都叫她三妹子。

观灯时，五哥和三妹子不知不觉走在了最后，姐妹们便开玩笑："你俩在后面干甚呐？三妹子爱上五哥啦！"

心跳耳热的三妹子慌忙说："五哥，我知道你苦，没有爹也没有娘，以后有甚需要缝补的衣服，就拿到姑姑家，我给你缝补！"

说完，她塞给五哥一块手绢，跑着去追赶前面的姑娘了。五哥痴呆了好一阵，直到表妹来拉他才回过神来。

以后的几天，三妹子寝食难安，常常跑到五哥的姑姑家闲坐。五哥的表妹早就知道三妹子的心思，对三妹子说："你家长工短工那么多，不如让五哥去你家放羊！"

三妹子听了虽然红了脸，但还是坚定地说："你去跟我爹说去！"

再说五哥自从看到三妹子后，忽然茶饭不思、睡不安枕了，手绢上两只嬉戏的蝴蝶仿佛就是他和三妹子。

姑姑和表妹已经和三妹子她爹谈了五哥想来放羊的事，老汉说看在村里村情的面子上就让他来试试。一旁偷听的三妹子高兴得差点叫出声来。

这一年，五哥十八岁，三妹子十六岁。

恋　情

二月里，刮春风，
三妹子爱扎红头绳。
红头绳，绿扎根，
问声五哥亲不亲。

正月将尽的时候，五哥背着行李来到三妹子家。老财主弓着腰，长着满腮的黄白胡须，瓮声瓮气地说："就住到西粮房里，每天两顿饭，放羊一出坡（"中午不回家"的意思），丢了羊扣工钱。"说完就用袖子抹着鼻涕走了。

五哥把行李放到西粮房的炕上，虽然天气还很冷，但进院子时三妹子深情的一瞥让他心里暖烘烘的。因为没有到春种时节，大院里只有五哥一个长工。

第二天，五哥起得很早，把大院打扫得干干净净，还把厨房里的水瓮添得满满的。老财主起来后，心里虽然高兴，但还是高声叫骂起来："三妹子！死下还不起？快给五哥做饭，早早出工！"

其实，三妹子也很早就起来了，只是一直悄悄在窗后看着五哥。自从大姐、二姐出嫁后，家里就只有她了，所以端茶做饭的家务营生都要她来做。今天，三妹子特意把自己的两条辫子用鲜亮的红头绳和绿头绳扎起来，她要让五哥看到她是全世界最美丽的女人。

当阳婆升到半天的时候，五哥赶着羊群出了村。

三月里是清明，
五哥放羊转周村。
羊群在前人在后，
只瞭见黄尘瞭不见人。

农历三月，小草已经发芽，解冻的河汊里小鸟开始鸣啾。转眼一个月过去了，五哥的实在和勤劳得到了财主全家的赞扬。每回五哥担水进门，三妹子就给他开门，揭瓮盖，用她那会说话的眼睛一边传递心事，一边递上毛巾。临出门之前，三妹子还会悄悄给五哥的兜里塞上两个玉米面饼子。幸福的五哥也常常在放羊时躺在草坡上，沉心去痴想三妹子。

一天傍晚，五哥和财主打了声招呼，就去姑姑家串门了。回来的时候，三妹子竟然在路边站着。五哥又惊又喜又慌又怕，看着走到他面前的三妹子，他嘴张了几张，不知该说什么。

"你咋……黑天半夜……"

三妹子忍不住"哧哧"地笑出声来。

"看把你吓的！五哥，我想和你说个事儿，我二妈给我瞅了个人家。"

"什么……人家？"五哥一时反应不过来，心里涌上一股说不清的情绪。说心里话，自从和三妹子相处后，五哥就觉得他们之间不可能成为夫妻。想到这儿，五哥很快平静下来，对三妹子说："这是好事！"

"可我不愿意！"三妹子抬起头带着一种失望的表情看着他。

"三妹子！死哪去了？"老财主喊着女儿。

两个人都一惊，三妹子只好加快脚步，心烦意乱地跑回去了。

四月里，四月八，
奶奶庙上把香插。
人家插香求儿女，
我们插香求什么。

五哥一夜没睡，他第一次想起死去的爹娘，两行泪顺着脸颊流了下来，他是多么爱三妹子，但他俩又不可能。

几天来，五哥心神不宁，目光呆滞，说话常常前言不搭后语，也不再看三妹子。他每天走得早，回得迟。虽然三妹子每天仍然偷偷给他塞玉米面饼子，但五哥却认为这是对他的一种可怜。

一个大雨滂沱的晚上，闪电伴着敲门声，五哥拉开门，湿透了的三妹子撞了进来。

“五哥，你还在生我的气？”

五哥捏着三妹子冰凉的手，沉默无语。

不知过了多长时间，一声霹雷，惊醒了两人。

“五哥，我去奶奶庙烧香许愿了，今生今世我都是你的人！”说着，一行泪已流了出来。

五月里，五端阳，
江米粽子撒白糖。
白糖黑糖都撒上，
我问五哥香不香。

五哥恢复了往日的快乐，他更加勤快，他要以自己的劳动换取信任，换来在财主家长期打工的机会。

黄河改道后留下许多小湖泊，它们分布在村庄的周围，草肥水美，风景秀丽。

那是一个盛夏炎热的中午，五哥静静地躺在满是青草的洼地里，羊群也悠闲地卧着打盹儿，小树林像一道天然屏障把他和四周围分割成两个世界。五哥正闭着眼睛想象三妹子的俏丽和生动。这时三妹子悄悄来到他的身旁，用一根小草捻五哥的耳朵。

五哥一翻身坐了起来，先是一惊，然后恼怒地说：“三妹子！你胆子比天还大，跑这里来干什么？让别人看见怎么办？”

“怕别人看见，那将来怎么办？”三妹子淡淡一笑，却流露出深深的不理解。

他们静静地坐在草地上，望着茫茫无际的天空。

“五哥，我爹说下个月给我相亲，我咋办？”三妹子凄楚地说。

“三妹子，天不遂人愿，五哥就是急死又能怎样！”

两个人拥在一起抱头痛哭。

六月里，二十三，
五哥放羊在草滩。
身披雨毡打上伞，
手里又拿羊铲铲。

六月的一天，可怕的事情终于来临了。那天傍晚，五哥放羊回来的时候，屋里传出老财主的喊骂声：“你还长成人了，甚事还想由你？今天老子就要你一句话，你找还是不找？”

“就不找，我死也不找！”大屋里三妹子倔强地说。

“臭闺女片子，你还反天啦！订亲的东西我已收下，嫁与不嫁不由你！”财主的姨太难听地叫骂。

“要嫁你嫁，反正我死也不嫁！”

“啪！”气歪了脸的老财主一

巴掌打在三妹子的脸上。

大屋里传来三妹子撕心裂肺的哭声。

哎！可怜的三妹子。五哥回到自己的屋子里抱着枕头抽泣起来，五大三粗的小伙子竟无法保护自己心爱的人。

七月里，豆角白，

五哥放羊没回来。

一天没见五哥面，

口含冰糖不想咽。

三妹子再见到五哥时，脸只是忽地红了一下，然后冲五哥一笑，露出白玉似的牙齿。五哥的心却痛得像刀绞一般。

谁也没想到，可怜的三妹子竟用绝食来与命运抗争。

老财主依然不理睬女儿，也不管她吃不吃。财主的姨太更是不管三妹子的死活，只是从此以后再也不提三妹子的亲事了。两天过去了，三妹子没有吃任何东西，一直躺在自己的房间内。院子里其他的长工短工都在劝三妹子，但三妹子只是流泪摇头。

早上出工时，五哥悄悄把自己的两块玉米面饼子揣在怀里，他要想办法见三妹子劝她吃东西。傍晚收工后，他早早钻进了自己的小屋，心“咚咚”地跳个不停。

这是个夏末初秋的夜晚，一轮刚从河汉捞上来的弯月悬挂在天空，院子里一片灰白色的雾气，整个小村幽静极了，偶尔传来几声悠长的猫头鹰的叫唤。

半夜时分，五哥赤脚出来，像个幽灵一样蹑手蹑脚地来到三妹子的门前。他轻轻拉了拉门，发现门竟然是虚掩着的。他刚一进门，就被三妹子紧紧抱住。房间里没有一点声音，静得只能听到俩人的心跳声，无言的泪水打湿了两人的衣衫……

五哥俯在三妹子的耳边说：“你有甚心思就和五哥说，人是铁，饭是钢，一顿不吃饿得慌，说甚也要吃饭啊！”说完，他把两块玉米面饼子递给了三妹子。

三妹子拿着饼子边吃边悄声说：“五哥，我说不出来，我就知道我喜欢你。”

两人相拥唠叨了大半宿，但谁都没有说今后的路该怎样走。

八月里，月正明，

长工短工分月饼。

三妹子长得个偏心心，

多给五哥分半斤。

从此三妹子的心情好了许多，她又像往常一样开始了自己的生活。

八月十五的晚上，五哥被姑姑叫去吃饭。临走时，三妹子低着头说："今天晚上我去你屋里。"

圆月高悬，大地亮如白昼。已经是午夜时分，各个屋子都传出了长工短工的呼噜声。

三妹子颤悠悠地走来，她的手扶在半敞着的门框上，浑圆的腰身罩着一层薄薄的光环，明亮的双眸放射着炽烈的光彩。三妹子火炭般的目光落在五哥的脸上、身上、手臂上，烤得五哥周身发焦。一股巨大的吸引力把五哥拽下炕，赤着脚迎了上去。两人紧紧地拥抱在一起，连心跳的声音也无法区分你我。

他们第一次亲吻了对方。

月很圆，人能圆吗？

月已西沉，三妹子轻飘飘地走了。黑暗中，五哥在炕头摸到一件东西，是结结实实的三双布鞋。

九月里，秋风凉，
可怜五哥没衣裳。
三妹子有件花棉袄，
改一改领口你穿上。

阴历九月，塞北之地秋风怒号。五哥和三妹子相聚的洼地上，秋叶开始飘落。

三妹子又一次来到这个魂牵梦绕的地方，从包中拿出一件花棉袄："五哥，把我的棉袄穿在里边，别让人看见！"

五哥怔怔地站在三妹子面前，浑身颤抖。

三妹子抬起头来，用热切而鼓励的目光望着他。

五哥终于张开放羊汉有力的双臂，把三妹子搂在怀里。

三妹子把头埋在五哥的胸前，深情地说："五哥，想办法娶我吧！"

傍晚，一片紫黑色的云从阴山上头滚滚而来，一场秋雨就要来临。五哥急匆匆地赶着羊往回走。

老财主在院外的台阶上，突然大吼一声："给我打！臭光棍，癞蛤蟆想吃天鹅肉！"

五哥莫名其妙，被一阵乱棍击倒在地，脸上被鞭子抽起一道道红圪棱子。

老财主躬着腰蹦跳起来，继续喊骂："给我把这臭小子的衣服扒了！"

花棉袄露了出来，无情的棍棒又在他的身上落下。三妹子没命地跑出来，趴在五哥的身上。

"花棉袄是我给的，要打就打我吧！"

老财主气得喘着粗气，恶狠狠地说："连这不要脸的东西一块打！"

乌云终于积聚成一场瓢泼大雨，雨水和泪水交融在一起。小村变得白茫茫，银闪闪，整个世界显得严肃冷漠。

老天该惩罚那个告密的人。

结 局

十月里，天又短，

五哥放羊受苦寒。

吃不饱来穿不暖，

没钱的人真凄惨。

不知过了多久，五哥捧着火辣辣的冻脸跑回家，脸上和身上刀割一样的痛。

村里的闲言碎语像炸了锅一样，四处漫溢，老财主急忙找三妹子的二妈说："明天必须交结婚的彩礼，正月出聘。"

五哥拖着遍体鳞伤的身体，继续为财主家受苦受累。三妹子则从此卧床不起。虽然姑姑几次三番劝说五哥辞工不干，但五哥还是选择留下来，不同的是五哥已被老财主赶到院外的羊圈草棚中居住。

订亲的那天，老财主家红灯高挂，鼓乐喧天，车水马龙，亲朋好友欢聚一堂。五哥只是痴呆地立在院中，被人们推来搡去地端茶送饭。五哥一直没见到三妹子，他也怕见到三妹子，他觉得他伤害了三妹子。

送走所有的亲朋后，财主家的人都已酩酊大醉。

又是一个难忘、凄惨的夜晚。虽然冷风从门缝中挤入，但五哥和三妹子都保留着不闩门的默契。

三妹子已绝望到极点，她把自己平时积攒的所有值钱的东西都打成一个包袱，悄悄来到墙脚，把包袱扔出墙外，拖着自己软弱的身体越墙而过。

"掌柜的！有贼！"一个长工大喊。

三妹子来到五哥的草棚中，一屁股坐在草堆上，身子剧烈地颤动："五哥！领我走吧！走得越远越好，再不走我们就没有机会了！"

五哥哆嗦着穿好衣服，拽着三妹子的手快步出了草房。

门外早有人候着了。

五哥直到人们把三妹子拉走后，才看了三妹子一眼，刚好看到三妹子凄然的笑。

"五……哥……"

一切归于寂静。

十一月，三九天，

五哥放羊真可怜。

刮风下雪常在外，

日落西山才回来。

玉蝶似的雪花下了三天三夜，天地间一片洁白。村庄萧索孤寂，笼罩在一团浓重的寒意里。

三妹子的门已被一把大锁紧紧地锁住。一切都已过去，死占据了三妹子的心。她再一次绝食，恍惚的眼中闪现的只有五哥。

老财主想尽快把五哥驱逐出

门，但想到寒冬腊月没有人给他放羊，便作罢了。好在只剩一个月，老财主夫妻便盼望着这日子能飞快地过去。

十二月，一年满，

五哥上柜算工钱。

算盘一响卷铺盖，

两眼流泪回毛岱（土默川地名）。

一个多月没见三妹子，五哥心急如焚。年关将至，五哥打工的期限也将结束。

三妹子已经卧床不起，她知道再也不可能见到五哥。昔日活泼可爱的三妹子已经骨瘦如柴，但她的心里是幸福的，她可以用死来证明对五哥刻骨铭心的爱，用死来抗争包办婚姻。

五哥没见到三妹子，算完账的当天，他来到姑姑家。晚上，他把表妹叫到身旁："妹子！你把这个手绢给三妹子捎去，就说我不配做她的男人！"

腊月二十八，五哥独自闷坐在家中，痴痴地想着三妹子。表妹火急火燎地跑进屋，放声大哭："哥！三妹子死了！"

"死？哎呀！我的三妹子！"

五哥一下子把右手的四个指头塞进嘴里，用牙齿狠咬着，血顺着手指流下，眼睛和脸可怕地抽搐成一种怪样。

三妹子死后，财主夫妻用一块草席子卷了她的身体扔到了黄河汉中。

未婚女子死后不准埋葬，只能放到荒郊野外喂群狗，这是当地的一种风俗。

表妹不知什么时候离开的，五哥独自一人出来，他没有流泪，他要尽快找到三妹子。

大年三十的上午，五哥竟然在他们聚会的洼地找到了三妹子。

她死了，仰面躺在草席上。

长长的粗声的号啕，撕裂开五哥的胸膛。他倒在草丛中，抱着三妹子的尸体，伏在黄土乱草间恸哭。面前的枯草被他一把把揪得精光，只剩下干硬的黄土，眼底的泪水也流尽了，只剩下干号。

大年三十的鞭炮声响起时，五哥抱着三妹子的尸体回到家中。他把三妹子的旧衣服脱掉，在三妹子贴心的肚兜里发现了那个手绢，那两只蝴蝶依然鲜活地翩翩起舞。

五哥没再流泪，和衣挨着三妹子的尸体一夜未眠。

第二天，他把在三妹子家打工赚到的钱全部拿出来，买了三妹子平时最爱穿的衣服，又买了一口上等棺木。一切置办停当后，他把三妹子抱在怀中，轻轻地把两条美丽的大辫子盘成发髻，然后喃喃而语："妹子！今天我们拜堂成亲，我们从今以后就是再也不分离的夫妻了！"

就这样，五哥守着三妹子一直到正月初五。

初六那天，大雪纷飞，云层很低，五哥家中几个弟兄把三妹子安葬了。高高的坟堆耸立着，像三妹子的发髻一样。

五哥突然疯了，一把火点着了住房，他喊着、唱着、哭着，两条腿狂奔不已。满天黑色的云朵涌来，整个大地向深渊坠落……

天黑了，干干的杨树枝上，猫头鹰一声长长的嘶鸣扯碎了全村人的心。这时，人们听到一个声音从远方传来：

哎哟那个哎哟

有朝一日天睁眼

我与我那五哥把婚完……

余　韵

五哥与三妹子的爱情悲剧，经

《五哥放羊》雕塑

村人的传播，被后世的一些艺人编为戏剧广为传唱，作为二人台艺术的经典剧目《五哥放羊》已流传了百多年之久，在内蒙古西部，在山西雁北、沂州、河曲，在河北张家口等地都可以听到这首凄婉的歌曲。

如今，在五哥和三妹子生活、恋爱过的地方，大片的湖泊被肥沃的农田取代，幸福的后人在这片风水宝地上繁衍生息。但那些依然存在的河汉遗迹仿佛还在昭示后人：有情人应成眷属。

九峰山的传说

九峰山位于土右旗北部，因保存完好的原始次生林生态景区而闻名遐迩，又因九座巍峨挺拔并依次增高的山峰相连而得名。九峰山自然保护区由东九峰、西九峰、大西梁、杆林背、羊靠山等峰峦和美岱沟、水涧沟、香桂铺沟等沟壑组成，总面积460平方公里，规划面积260平方公里。九峰山风景旅游区被国际旅游联合会授予“中国最佳绿色生态景区”称号。

民间有许多关于九峰山的故事。

一

上古时，天上有十个太阳，烤得禾苗、草木都枯焦了，烤得人们无处藏身。人们没有食物，只好向山里逃去，去太阳照不到的背阴处、溪水旁。他们采摘野菜、野果，甚至靠树叶、野草充饥。可是，山里的野兽连这一点生存空间都要剥夺，疯狂地吞噬着饥民。

这山里的野兽并不是普通的野兽，而是九个神通广大的恶魔。它们的形体像山体一样高大，人类根本无法反抗它们。而且，这九个恶魔怪兽都是长生不死，除了天上的火，人间利器根本不能制服它们。这九个恶魔分别是恶龙、暴虎、巨蟒、毒蝎、凶豹、喷火狮子、吸血老龟、食人九头鸟。

人间遭受这么大的苦难，这么严重的死亡威胁，天帝怎么能够不知道呢？其实九个怪兽危害一方百姓的事情，天帝是知道的，也早就想派天兵剿灭这些怪兽。只是偏偏遇上了十日并出的大麻烦，弄得天帝十分烦恼。所谓家有三件事，先从紧处来，天帝便先下了一道命令，命一个叫后羿的天神去完成清除九个多余太阳的艰巨任务。

后羿是个具有神箭手声望和本领的天神，但这几天他的心情极端不好。他的妻子嫦娥，因为误食了他所秘制的仙药，飞往月宫，一去不返，就连家里养的小白兔也因为舔食了捣药盆里的仙药残余，随着女主人嫦娥一起飞往月宫了。所以，这个家冷冷清清的，一点生活气息也没有。后羿每次回到家中，就会感到百无聊赖、懊恼万分，后悔自己没有把仙药保管好，也后悔没有告诫妻子慎用仙药。月宫是天庭的清冷禁地，并不是哪一个天神想去就能去得了的。此后，后羿也不回家，整天带着他的仙犬天上一会儿、人间一会儿地游荡。得到玉帝的命令时，他正好在人间的一座大山前面，这座山就是大青山。后羿亲眼看见十日并出给人间众生带来的苦难，也了解到九个恶魔怪兽的恶劣行为。可是，在还没有接到玉帝的指令前，他是万万不能擅作主张的。这回好了，命令来了，他便制定了一个大胆的行动方案——将天上的九个多余出来的太阳和地上九个为害人间恶魔怪兽同时剪除。

正午时分，后羿冒着十个太阳灼烤的炎热，健步登上山坡，取出随身携带的神弓神箭，一连射了九箭，九个多余的太阳应弦而落。被射落的太阳，在后羿的安排下，不偏不倚，每个太阳落在一个怪兽身上，九个怪兽便被天火烧着了。熊熊大火燃烧之后所留下的灰烬化作九座山峰，它们的皮毛化作山体的植被，骨头化作煤炭，五脏六腑化作金属、宝石等矿藏。

九个太阳射落了，天气恢复清凉；九个怪兽被烧死了，化作九

九峰山秋景

座青翠的山峰，从此这里变得风景如画，气候宜人。人们感激天神后羿，便称这九座山峰为“九峰山”。

临走时，后羿把九峰山的山神招来吩咐道：“以前这山里有怪兽横行，你奈何不得，这不能全怪你，现在怪兽已经被剪除，你可要精进而为，为民造福，万不可懈怠！”

山神连连答应：“一定，一定！”

后羿走后，山神心里琢磨：怪兽已除，但山中之事百废待兴，若要长治久安，决不可掉以轻心。想到这里，山神决定组织一支巡山队伍，定期巡视，以便及时发现和解决问题，杜绝山妖树怪再起祸端，不负天帝的重托和后羿的厚望。

山神从自己的近卫军中挑选出十名身体健壮、武艺出众的高手，调来十辆轿车、十匹骏马，制作了十个风吹不灭、雨浇不熄的灯笼，开始了定期或不定期的巡山行动。

九峰山山神把自己的巡山举措上奏天庭，得到玉帝的肯定和褒奖。

老一辈的人说有人曾经不止一次地看见：在某个深夜，山顶有十盏灯笼，由东向西，逶迤而行。如果是月明之夜，还可以比较清晰地分辨出人、马、轿车和灯笼。

二

九峰山第九峰的西侧有一条沟——王狐沟，关于沟的名称，有一段传说。

很久以前，九峰山下住着一户姓王的人家，一对夫妻和一个儿子。一家三口以养羊、打柴、采药为生。向阳背风处，有一座用石头垒砌成的小屋，就是他们的家。山上的干柴、药材很多，到山下变卖换钱，可以维持生计。离石头屋子不远处，他们还种了些庄稼和果蔬，解决了吃饭的问题。一家人生活虽然很清苦，但不至于饥寒交迫。据说这家人祖上是因为躲避战乱从内地迁居来到这里的，到儿子这一代，已经是第四代了。他们祖祖辈辈过着同样单调的山居生活，也早就习以为常了。只是老两口有一桩心事：什么时候可以给儿子说一门亲事，也好传宗接代、延续香火呢？哪个姑娘愿意嫁到这荒僻的山里头呢？这桩心事还未了，老两口就相继去世了。

草草埋葬了父母，儿子整日与羊为伴，成为小羊倌儿。他用山上一种叫不上名字的木头，照着祖上留下来的那支已经裂成两半儿的竹笛，做了一支笛子，竟然也能吹得响。他便每天吹笛子，使简单的生活多了一些娱乐的内容。

有一次，小羊倌儿赶了几只羊到山外的集市上去卖，换回来几件衣服，还有一罐酒。第二天，他发现酒罐子里面的烧酒少了一大截。可他昨晚并没有喝，周围也没有人，罐子又没倒，这究竟是怎么一回事呢？他百思不得其解。于是，他在酒罐子周围的地面上撒上一层细沙，想知道是什么东西偷喝了罐子中的酒。第二天清早，他从留在地面上的踪迹判断出来是狐狸。

一个月明之夜，他听到酒罐子盖儿被掀开的动静。借着照进屋内的月光，他看得清清楚楚，一只金红色的小狐狸正趴在酒罐子上贪婪地喝着酒。他大喝一声，小狐狸迅速逃离，快得像一道金红色闪电。

喊喝声吓走小狐狸之后，小羊倌儿的心里反倒产生了一丝隐隐约约的歉意，心想：我爱喝酒，它也爱喝酒，喝就喝点儿么，诈唬它干什么呢？想到这里，他便从酒罐子里倒出满满的一碗酒，喝了起来。他惊奇地发现，这酒的味道变了，变得清香、绵长醇厚，好喝得不得了，根本就不是自己换回来的那种廉价薄酒。于是，他就多喝了几碗，喝得大醉。这是他第一次醉酒，而且醉得舒心。

第二天醒来后，他感到自己神清气爽、精神倍增。他打开酒罐子的盖儿，想看看自己昨晚究竟喝了多少。一看不要紧，他直接惊呆了：明明已经喝下去半罐子左右了，怎么还是满满的一罐子呢？他舀了一勺一尝，味道还是那么美，不禁称赞道：这可真是一罐好酒

九峰山美景

呀！从此以后，罐子里的酒，总是喝多少长多少，没有喝光的时候。

八月十五中秋夜，明月照得远处的山和近处的树朦朦胧胧、神神秘秘。小羊倌儿喝了一碗酒，走出石屋，想在屋前随便走走。

就在这时，西山坡上隐约传来哀鸣声。小羊倌儿循着声音跑过去，看到一只金红色的小狐狸站在一棵大树旁边，看到他也不跑开，只是呜呜地哀鸣。小羊倌儿走近一看，才发现小狐狸被猎人埋下的叫作“夹挠”的捕猎器械夹住了一条后腿，行动不得。见此情景，小羊倌儿立即动了恻隐之心。他借着酒劲儿，使劲扳开夹挠，放出了小狐狸。可是，小狐狸的一条后腿已经被夹断了，行走不了，小狐狸用它那双细长而美丽的眼睛无助地看着小羊倌儿，仿佛在寻求帮助。小羊倌儿的心一下子软了下来。他抱起小狐狸，回到石屋，在灯下用酒为小狐狸擦拭伤处，又扯了些布条，将小狐狸受伤的后腿包扎好。小狐狸一瘸一拐地走了，有些依依不舍。

此后两年多的时间里，小羊倌儿都快要把小狐狸的事情忘记了。

在一个寒冷冬日的掌灯时分，小羊倌儿把羊圈好，准备进屋，可他却发现，屋子里竟然有灯光，走到屋门口还闻到一股扑鼻而来的饭菜香味。他心想：哪有这样的好事呢？大概是自己饿急了，产生幻觉了吧。

他大步跨进屋门，眼前的场景令他无论如何也不敢相信：炕上真的摆着一桌饭菜，炕边还站着一位穿红衣服的妙龄女子。

“这……这……你……你……”小羊倌儿一时不知所措。

红衣姑娘笑了，笑得很甜，细而长的眼睛流露出万种风情，她柔声细语地说：“快上炕，我们一起吃饭、喝酒吧。”

小羊倌儿木木地站在原地不动，困惑地问道：“你是谁呀？怎么会来到我的家里呢？”

“我就是曾经偷你的酒喝，还被你搭救过的小狐狸呀。你不用怕，我是来报恩的。我的名字叫月仙，从今天开始，我就是你的人了，我天天给你做饭。”红衣姑娘说。

小羊倌儿恍然大悟，想起了以往的事情。他不仅没有害怕，还被眼前的红衣姑娘月仙的真诚深深地感动了。他们饱餐一顿，痛饮一场。

此后的日子里，简陋的石屋里，天天是美酒佳肴、歌声婉转、笛声悠扬。然而，小羊倌儿的心里总有一个解不开的谜团：这每天都有的丰盛酒席，是从哪里来的呢？

小羊倌儿的困惑，月仙早就知道。不用他问，月仙就告诉他：一切都是自己用“遁法”“遁”来的，取之不尽，可以放心地食用。

然而，两个多月后，一向兴高采烈的月仙几天来一直郁郁寡欢，影响得小羊倌儿的心情也异常沉闷，情绪十分低落。月仙实在是于心不忍。一天夜里，吃罢晚饭，月仙在灯下捋起自己的右腿，指着一处环形的伤疤说：“你看，这就是当年被夹挠夹断的地方，是你救了我的命。没有你的帮助，我不可能活到今天，也不可能修炼成仙。我本应该远离凡尘，潜心修炼，可我怎么能不报答你的救命之恩呢？我没有顾忌戒律，偷偷跑来，与你这个凡人共度了九九八十一天的幸福时光，这已经是极限了，狐国的首领就要收我回去继续修炼了。我们的缘分，尽了……”说完，月仙掩面大哭。

“月仙，你不能走！没有了你，我生不如死。”小羊倌儿执拗地说。

月仙拭干泪痕，无限哀婉地说道：“这样吧，我今晚把你的爸妈以及上几代人都召回来，大家见见面，也算一个交代。”说完，朝着门外招招手，说：“都进来吧！”

石屋内陆续进来七八个人，有小羊倌儿的爸妈，还有没见过面的爷爷奶奶、太爷太奶等。大家坐定，月仙重新摆了一桌酒菜，与大家边吃边谈。在座的都称赞月仙是个美丽、善良、贤惠的好媳妇。

一直谈到将要鸡叫的时候，“客人”纷纷散去。月仙对小羊倌儿说：“天已经亮了，我去一趟山里，晚上回来。你等我。”

小羊倌儿将已经发展到一百多只的羊群尽数赶到山外的市场变卖掉，所得银两，除了购买月仙和自己的两套新衣服之外，全部散发给穷苦人。

当晚，又是一个月夜。石屋外皓月当空，石屋内一灯如豆，夫妻二人对坐哭泣，满腹的话竟不知道从哪里说起。

最后还是月仙先开了口：“明天就是我与你相处的第八十一天，我必须离开了。我走之后，照样可以保证你天天丰餐美酒，一直活到九十岁。明天，他们就要来收我了，唉，唉——”

小羊倌儿拉住月仙的手，说：“不，我不让你走！要走，我也跟你一起走！”

“不行呀，你进不了我们的领地，再延误时日，你我可要同归于寂灭，永不复生了。”月仙万般无奈，只好直白相告。

“那就同归于寂灭吧！”小羊倌儿一边说一边取出白天买的两套新衣服，二人各自换上，手拉手走出石屋外。

万籁俱寂的春夜空山，月明星稀，百草万花香气袭人，二人流连于小石屋前，无限惆怅和伤感。

“日出之前，我必须走了，你多保重吧！”月仙手指着东方说。

小羊倌儿疾步回到石屋，取出酒罐，倒了一大碗递给月仙。二人罐碗相撞，一饮而尽。罐和碗相撞的声音，在四周的空山中引起越来越远的回声，连天上的月亮和星星，也瞪大了眼睛。

“我们现在就走！”小羊倌儿一把拽过月仙的衣袖，大步朝前走去。

月仙被深深地感动了。她突然萌生了一个念头：成仙得道与相伴这个如此赤诚的凡人，哪个轻，哪个重呢？他能为我而死，那我的修炼为什么不能为他而止呢？想到这里，月仙应声说道：“好！我们现在就走！”她用法力牵引着小羊倌儿，朝着远处一座山峰飘然飞去……

只听得天空中“轰隆”一声巨响，随后山顶上出现了两尊巨大的石像，那形状犹如一对夫妻对坐倾谈，惟妙惟肖。这就是九峰山的“夫妻石”。

金色九峰山

因为小羊倌儿本姓王，又因为与狐仙的这一段传奇故事，九峰山的这条沟，就被人们称作“王狐沟”，一直沿用至今。（戈亘搜集整理）

沙海子的墓虎

内蒙古中西部地区，广泛流传的一句话：沙海子的墓虎——漫得宽。这句话包含着一个关于活墓虎的有趣传说。

员外求子济公显灵

清康熙末年到乾隆初年，从山西省迁居到萨拉齐厅沙海子村的芸珊夫妇，凭着强健的体魄和农耕技艺，以能打会算的机灵脑袋和天生不怕苦累的勤劳双手，日夜劳作，先于一般人富裕起来。他们家良田百顷，牛羊满圈，骡马成群。生活富裕了，人们便称他们家为员外家，渐渐地连他们的名字也很少有人提及了。

随着家业的扩大，他们逐渐请了一些帮工。人们愿意给他家干活，因为他家给的报酬优厚而且待人和气。村里人有什么困难，只要一找他们，他们总会给出主意、想办法，共渡难关，所以人人都说员外家为人处世极好。

家业如日中天，只是结婚十五六年，尚未生一子息，让夫妇俩耿耿于怀。最让员外头疼的是，妻子总是劝他娶二房生儿育女，继承家业。

一天中午，妻子絮叨完不久，他一人闷闷独坐。老家人前来和他拉呱，无意间说起前村赵某去双龙庙祈求后今年喜得一子的话题。员外左思右想，决定去双龙庙试试。

一个风和日丽的日子，员外夫妇为表示虔诚，一路徒步，风尘仆仆地赶往双龙庙。在老道的陪同下，双双跪倒在香烟缭绕的神像前敬香祈祷：“神灵保佑我夫妇生得一男半女，愿施舍千金，重修庙宇，再塑金身。”

说来奇怪，就在许愿后的第七天中午，从东南方来了一个身着百衲衣、脚踏露趾烂鞋、手拿陈年旧扇的疯癫和尚，口中念念有词，直奔员外家。好奇的人们立即尾随了过去。

和尚来到大门口，也不进院，更不化斋，只是眼睁睁地瞅着院里，嘴里不停地说着一句话：“人人都说员外夫妇行好积德，怎么连一个孩子都生不下来？奇怪，奇怪！”人们起初觉得好笑，半个时辰过去了，和尚还是重复这句话，人们逐渐感到乏味，便散开了。和尚干脆往大门口一躺，呼呼地睡了起来。不知过了多长时间，员外家的一个家人外出办事回来，看到门口躺着一个叫花子，就连呼带咋地喊他起来。怎奈叫花子充耳不闻，一动不动。当家人动手拉拽时，才发现他是一个疯和尚。但这一拉不要紧，那和尚却一口咬定说惊了他的觉，非让赔觉不可，两人便吵了起来。

这一吵，惊动了正在家中休息的员外。他立即穿鞋整衣戴帽，疾步来到大门口，一看是自己的家人与一个和尚在吵嘴，就马上制止了家人，并连忙向和尚解释道歉。这时和尚手里摇着破扇，也不争吵了，他两眼眯成一条线，上下两三遍地打量着员外，笑着说道：“你就是员外？”员外点点头。“果真是个憨厚老实的庄稼人。贫僧今日特来会见你们夫妇……”没等说完，员外的妻子也正好跨出院门，来到员外身旁。和尚看了一眼，接着谆谆告诫道：“贫僧有话对你们说，明年的今日，铁树开花，你们家大喜，一个胖小子将降生在你们家，这是你们家的万幸，切记，切记！”说完，道一声“阿弥陀佛”，就要离开。员外惊喜之余，一把拉住和尚，请他到屋里坐。和尚也不推辞，大步流星地跨进大门。

坐定后，员外端问其详。和尚只说：“这是你们夫妇行好积德，感动了上苍。”再欲追问求源，和尚只是微笑不语。功夫不大，饭菜齐备，和尚便大口大口地咀嚼起来。酒足饭饱之后，和尚一歪身，躺在炕上，呼呼地睡着了。员外夫妇不敢惊动，只好走了。过了两个多时辰，员外夫妇又来视看，却没了和尚的踪影。和尚已经不辞而别了。

自此，人们便传说员外家济公显灵了。而员外夫妇则每日摆桌上供，焚香祷告，盼望着那一天的到来……

盼儿成人喜得宝盆

过了两个多月，员外妻子在一天午饭后告诉员外自己已经怀孕了。员外大喜，更加无微不至地照顾妻子。

时光荏苒，转眼到了第二年的五月。员外的妻子生下一个胖乎乎的男孩。掐指算来，男孩出生的日子，正是去年和尚来过的那一天。员外便给儿子起名叫“盼儿”。村里人也为之奔走相告，纷纷传言，说员外行好积德，感动了上苍，济公显灵，生下了儿子。

俗话说得好，有小不愁大。转眼盼儿已七八岁了。员外便请了有名的先生教儿子读书。盼儿也厉害，所有启蒙教材一学就会。盼儿喜欢打拳弄棒，员外又请了一个通武术的拳师，教盼儿习武。

经过数年的文武熏陶，盼儿逐渐长成一个英俊潇洒的壮小伙子了。可是就在盼儿十五岁那年，父母积劳成疾，相继过世，把一份家业留给了盼儿。盼儿悲痛欲绝，好在有村里人的帮忙，把双亲隆重入土安葬。

一年多以后，盼儿与本村青梅竹马、两小无猜的春姑相爱，结成伉俪。小两口相亲相爱，如胶似漆，靠着父母遗留下的家业，生活过得倒也美满。

盼儿较之父亲，生性更加豪爽，不管何人，只要有困难，他都毫不吝啬，慷慨解囊相助。对村里人更不必说，谁家揭不开锅了，他亲自将米面送去；谁家有人染病无钱医治，他将银两送上；有贫穷人家娶儿媳妇他都亲自过问，直到圆满结束。他唯有一件本领逊色于他的父亲，就是农耕。他非但不善于农耕，连农业管理也一窍不通。虽然有家人及村里人的帮助，每年仍是入不敷出。

就这样，不到五年的时间，家产已基本花尽。但他丝毫不忧不愁，泰然处之。

也许是盼儿的好心感动了上天。一天夜里，就在盼儿刚入睡之时，恍恍惚惚梦见玉皇大帝召见了他。他惊喜万状，全顾不得左顾右盼那天庭的玉宇琼楼、金树银花以及众多的天兵天将、美女天仙，只听玉帝朗声说道："盼儿，你继承父母衣钵，行善积德，朕送你一个聚宝盆，盆就在你家村西南的海子中央、芦苇底下，希望你……"没等玉帝说完，他从梦中惊醒。他环顾四周，身边除了自己的发妻春姑和小儿子外，就是那多年居住而又熟悉的家。他百思不得其解，只好悄然睡去。

第二天，盼儿一大早就来到村西南2里多处的海子。但见海子中央有一片茂盛而稠密的芦苇，其间鸟语花香，彩蝶蜜蜂飞得匆忙。他顾不得欣赏这些，只是暗暗熟记探知的水路，决定夜间再来挖掘。

这天夜间，盼儿扛着铁锹赶到海子旁。万籁俱寂的野外，唯有蛙声一片。他凭着白天查看好的路线，迅速来到那片茂密的芦苇之中。

几锹下去，突然听见"铮"的一声，是金属物撞击之声。他又挖了几下，弓身用手一摸，摸着个金属盆的边缘。他高兴之极，又一口气挖了数十下，蹲下身去摸着盆沿子用力一提，一个盆样物立时拿在手中。霎时，面前一道金光，晃得他几乎睁不开眼睛。他高兴得跳了起来，更顾不得满身泥水，急忙脱下上衣，包住金盆，一溜小跑回到家中。

家里的妻子被惊醒了，春姑只见满屋生辉，不知是怎么一回事。盼儿从头至尾一说，她才明白过来，连忙穿衣下地把盆刷洗干净，但见金盆光芒四射。盼儿忙叫妻子把一碗米放进盆里。一瞬间，奇迹出现了：盆中的米逐渐多了起来，不大会儿，已是满满一盆。他试着挖出一碗，马上又成满盆。夫妻俩别提有多高兴了，整整一夜都未曾合眼。

从此，盼儿与春姑一家三口靠着聚宝盆，一不愁吃，二不愁穿，而且照样施舍贫苦人们，跟村里人更是和睦相处，像一家人似的。

戏弄贪官假设灵堂

人们常说，世上没有不透风的墙。盼儿施舍穷人，并有聚宝盆的消息，不胫而走，很快传到了里长的耳朵里。这里长，本来家业殷实，但天生长着一只“红眼”、一只“穷眼”，并且有颗极黑的心。有谁生活比他好了，他必将挖空心思去破坏。这人别的本事没有，只会阿谀奉承、媚上欺下。听到这个消息后，深知盼儿的威望自己得罪不起，便跑到萨拉齐将此事告诉了同知（县长）。

萨拉齐厅的同知是个不学无术、毫无本领且贪得无厌的家伙，经常搜刮民财。

听到里长报告的这一非同一般的消息时，同知高兴得手舞足蹈了好一阵子。随即，他向手下人下命令：令沙海子的盼儿夫妇，三日内携聚宝盆到萨拉齐厅验看。盼儿在接到传票的第二天下午，便独自一人骑着小毛驴来到萨拉齐，把宝盆拿给厅里、同知。二人喜出望外，赏赐纹银二十两，什么也没说，就让盼儿走了。

等盼儿走开，同知就想击鼓升堂，夸耀自己没费吹灰之力得到了聚宝盆。可是转念一想，这样做未免欠妥。于是，他只邀了几位亲近的班头衙役，在后堂家中验看。他让妻子拿出一个金元宝，亲自接在手中往盆里一放，半个时辰过去了，盆里毫无反应，这时他才发现上了当。

同知气得火冒三丈，七窍生烟，恨不得将盼儿立即拿住，拿到真聚宝盆后就迅速将其处死。第二天，同知一大早就骑着快马，带着一批衙役捕快，赶到沙海子村。他想出其不意地活捉盼儿，再夺其聚宝盆。进村后，他直接找到里长，长驱直入盼儿家。却见院子里纸幡招展，哀乐呜呜；正面搭着灵棚，当中放着一口紫红色棺材，棺材正前面立着一个牌位，上书“盼儿之灵位”，旁边堆着一大堆纸钱，右边放着金元宝、摇钱树、聚宝盆以及金童玉女之类的纸火；左边一个小木凳上坐着一个全身白布孝服的女人，旁边站着一个同样装束的小孩。女人正一把鼻涕一把泪地痛哭，那个小孩左一声爹爹、右一声爹爹地哭叫。

一个衙役走上前去，问一个上了年纪的老太太：“这是怎么回事？”老太太看了他一眼，慢慢地说道：“这是盼儿死了。昨天，盼儿把聚宝盆亲自送到萨拉齐同知大人那里，回来天气已晚，他们便睡觉了。谁想到，半夜里突然来了两个人，说是同知大人委派他俩连夜来取聚宝盆。盼儿说白天已经送到同知衙门的同知大人那了。这两个人就是不信，你一言我一语争吵了大半夜。这两个人发了狠心，一刀把盼儿给捅死了……”老太太身后的一个中年妇女接着说道：“盼儿死后，两个歹人又对春姑动手动脚，幸亏我们邻居及时赶到。”旁边的一个老汉又说道：“我们众乡亲正准备派人去萨拉齐厅报案，让同知大人查个究竟呢。”众人你一句、他一句，七嘴八舌地诉说着盼儿死得可怜以及春姑母子的苦命。

同知听了大吃一惊，因为这事已涉及自己。人命关天，非同儿戏。他生怕受牵连，便拨转马头，败兴而去，并嘱咐众人今后谁也不准提及此事。

二狗行乞太原奇遇

再说自从盼儿死后，沙海子村一些穷极的人便失去了依赖。其中有一个叫二狗的人，从小失去父母，无依无靠，孤苦伶仃，虽然已经十四五岁，却穷得上无片瓦，下无立锥之地。盼儿活着时，二狗全仗其资助；盼儿一死，他生活失去了依靠，只好靠乞讨度日。

这一年，是盼儿逝去的第三年，塞外大旱，春天无法耕种，秋天颗粒无收。二狗为了生计，便向口里逃荒行乞。这一天，他来到太原府城郊。

有一天，二狗在填饱肚子后，信步来到一家叫万家楼的日杂商店凑热闹。无意中，他突然发现一个酷似盼儿的人，正在柜台里笑吟吟地接待一个顾客。二狗大吃一惊。盼儿对他来说，那是何等的熟悉，他想：难道世上真有一模一样的人？当他再睁大眼睛，仔细端详时，确定这人确实是盼儿无疑，他不由自主地眼睛一花，高喊一声“打鬼”，便扑通一声栽倒在地，吓得昏死了过去。

盼儿一看有叫花子昏倒在自己的店铺，三步并作两步地从柜台里走了出来，吆喝众伙计七手八脚地把叫花子扶进屋里。盼儿仔细一看，也大吃一惊，脱口而出：“这不是二狗兄弟吗？”说完，他急忙俯下身去，按住二狗的人中，一面急切地呼唤着二狗的名字，一面吩咐伙计倒开水、熬热汤。功夫不大，二狗苏醒了。他一睁眼睛，又大喊“打鬼、打鬼……”盼儿连呼二狗的名字，二狗才如梦初醒。

二狗明白过来以后，盼儿即命备一桌酒席，与二狗边吃边喝，边把事情的经过概括地道了出来。

原来，萨拉齐厅同知敲诈勒索鱼肉乡民的所作所为，盼儿也早有耳闻。他自得了聚宝盆之后，就深谋远虑，审时度势，暗地里偷偷让一能工巧匠仿造真聚宝盆的样子做了一只假的，以备在万不得已时以假乱真。所以，当同知传令要验看聚宝盆时，他立即送去那只假聚宝盆，然后演出假设灵堂的一幕。其实，在安排好妻子后，他便携带聚宝盆连夜来到山西，回到父母居住过的老家。后来又辗转来到太原府，购置了一套房屋，开起了饭店。转眼三四年过去，现在已经是家大业大，字号也多了，酒店、粮店、当铺、茶馆、旅店、日杂店等一应尽有，就是在太原府也是小有名气了。唯使他整日郁郁不乐的就是日夜思念家乡，惦记妻儿。

今日得遇二狗，盼儿别提有多高兴了。二狗听完盼儿的诉说，随口说道：“我还当你犯了墓虎呢！”随后，二狗又告知了一些家乡的情况。

从此，二狗便在这里住了下来。

沙海墓虎民间流传

大约三个月后，二狗返回沙海子村，仍以行乞为生。

紧接着，沙海子村里就出现种种不祥之兆：首先是里长家的鸡、鸭、猪、羊不明不白地死了许多，后来村里其他人家的家禽家畜也有死的。接着，村里的牛、马、驴、骡等大牲畜也开始死掉。最后盼儿的妻子春姑和孩子也突然“失踪”不见。随着这些怪事情的出现，沙海子村谣言四起，纷纷传说盼儿犯了活墓虎。

特别是二狗子，他四处行乞，走的地方多，他见人就讲，逢人便说，有声有色地描绘着盼儿犯墓虎的事情，说得活灵活现、神乎其神。

他说盼儿生在墓虎日，死在墓虎日，千真万确是犯了活墓虎，他曾在大同府亲自见过：没有下巴，脸上长毛，头发有二尺多长，鞋都磨穿了底，见了他不说不笑，只是眼睁睁地看着他，差点把他吓死。

消息不胫而走，很快传遍周围的四村八舍、男女老幼。可巧，里长的一个儿子，在一天夜里突然死去。二狗便趁这个机会，宣传他在那天黎明时出去解手，如何又一次亲眼看见盼儿：但见盼儿脸庞黢黑，嘴边带血，满头乱发三尺多长，青蓝色的一身衣服褴褛不堪，穿的鞋子已是无底，脚趾露在鞋外面，趾甲有一寸多长，只和他打了一个照面，就把他吓得一屁股坐在了屎上。

人们惊骇了。

里长马上派人报告了厅里，同知决定派人下去查看。

被派到沙海子村实地查看的人是一个不相信迷信的年轻人，当他认真听完村民们的诉说后，决定开坟启棺，验个究竟。

开坟那天，风和日丽。看热闹的人一清早便从四面八方赶来，其中还有二十多里以外别村的人，真是熙熙攘攘，人山人海。

中午时分，一帮被选中开坟的青年壮汉，有的携着镢头，有的拿着木棒，有的带着绳索，齐齐来到盼儿的坟旁。他们刨掉坟土堆，用绳索、木棒费了很大一阵工夫，才将棺材抬出土坑。

一个预先安排好的彪形大汉，操起一把镢头，只听“当啷”一声，棺材盖被一镢头打得飞出丈余，人群骚动了一下便死一般寂静，接着又骚动起来。原来，人们看到棺材中除了铺垫的谷草和一些衣服外，一无所有，横在人群之间的是一口没有死尸的空棺材。

在场的人都惊呆了。因为按照传统的说法，假如尸体在，而又不腐不烂，可能是犯了墓虎；而若尸体不在，就是犯了活墓虎了。

从此，人们更为惊恐了。胆小的人不敢在夜间单独行动，妇女小孩尤其如此，生怕碰上盼儿这个活墓虎。曾与盼儿有隙的人，更是怕得要死，一到太阳落山，便四门紧闭，不敢贸然出门。特别是那个里长，更是怕得惶惶不可终日。就连萨拉齐同知，也被吓得不轻。

后来，一些饱食闲人添油加醋，有的说在忻州见过，有的说在平原见过，有的说在其他地方见过，更有的说在碰到之时还和他们说了好一阵客气话，外表看起来盼儿衣冠楚楚，确实很富有，还留他们食宿，款待得很好，但在当日夜间便发现盼儿把脑袋摘下来放在桌子上，洗那沾满血迹的脸，漱那满嘴血沫的口……反正都是些盼儿确实犯了活墓虎，并在山西做着大买卖一类的话题。

其后的十多年里，一个爱编顺口溜、专以行乞为生的乞丐李二，将此素材搜集加工，编成快板儿，四处演唱，还增加了沙海子村三请法官镇压墓虎的情节：第一次法官无能，被墓虎吸食血液而宣告失败；第二次的法官只打了个平手，墓虎遁去；第三次才请到有能耐的高级法官，经过两个多时辰的较量，最终将墓虎镇压。

于是，关于沙海子墓虎的故事，越传越远，越传越奇。

其实，春姑母子在沙海子村“失踪”后，便直接去了太原府，如此盼儿全家团圆了，二狗也赶赴太原府当了盼儿的管家。（平子惠搜集整理）

朝阳洞蟒仙的传说

位于土右旗境内大青山山阳（山南水北谓之阳）的朝阳洞，因朝迎日出、暮送日落而得名。朝阳洞有一个关于洞的形成和蟒仙的传说。

传说在远古时期，有一位大德高僧行脚来到这里，见此地青山叠翠，风景优美，认定是一块吉祥宝地，就不再往前走，开始驻足修行。他从捡拾野果充饥、饮山泉止渴，修炼到逐渐少食少饮、不食不饮。最终，他选择一块莲花状的巨石，盘膝打坐，辟谷数年。终于有一天，这位大德高僧天眼顿开，见到无量大光明佛前来接引他，并告诉他佛祖将就地为他辟一居室，嘱咐他以巨蟒之身完成终修。这时，只听得“呼啦啦”一声巨响，身后面的山体裂开一个大豁口，形成一个山洞，而他已经化为蟒身，盘踞于洞中。

蟒身高僧非常庆幸自己境界的提升，但他又很担心自己的蟒身模样吓着人们，便先施法隐身，后又在洞内朝地下打出一个深深的、长长的洞穴供自己常年蛰居。这就是朝阳洞外洞和内洞由来的传说。

朝阳洞外洞、内洞形成以后，出现了一种奇怪的自然现象：一年四季，不管天气多么晴朗，在朝阳洞所在地的山腰，总有一团白色的雾气凝聚不散，人们说那是蟒仙呼出的气息，并且被看作祥瑞的象征。渐渐地，就有远远近近的人前来朝拜祈福。慢慢地，人们在朝阳洞内塑起了蟒仙的塑像，并为蟒仙修筑了休息的大床，还备了被褥等卧具。朝阳洞下面的山地上，出现了寺庙建筑，也有了住持和尚。

蟒仙的故事越传越广，越传越玄妙，远近的人们来朝拜的越来越多。不少朝拜者虔诚地奉上酒食饭菜以及果类等供品。蟒仙看到登山供奉的人常常喝不到水，便又施法力，在山壁上凿出一股清泉。这清清的泉水，清凉甘洌，饮后使人疲劳顿消。

传说好多年以前，不知道从什么地方来的一个乞丐，一身褴褛，满面肮脏，径直走向洞中，抓起供品便吃，直到吃饱了才离开。而且，他几乎天天都来大吃一通。前来朝拜蟒仙的人对乞丐的行为很诧异，也很好奇，就不约而同地对这个乞丐多了一些关注。

有一天，乞丐又来吃供品时，朝阳洞前远远近近的人们清楚地看到：乞丐的身体突然离开地面，轻飘飘地升向空中，又轻飘飘地落回地面，这样反反复复多次，最后，落入朝阳洞的内洞中，再也没有出来。

人们产生了“蟒仙吃人”的恐惧，但出于对蟒仙的强烈敬畏心，谁也不肯把这种恐惧说出口。“祖祖辈辈，口口相传，蟒仙是让我们祈福得福的，无论如何也不会是吃人的呀。”这样的疑虑一直都在困扰着亲眼看见乞丐消失场景的人们。

原来，这个乞丐模样的人是一位苦行修者，他认为自己快到功德圆满的时候了，但必须得经过道行高深的佛法超度才行，所以他想与蟒仙对话，寻求帮助。蟒仙当然也知道这个以乞丐之身修行的有德之人，便有心帮他。蟒仙考察他的一贯德行，又通过与乞丐的特殊对话，确定他已经具备了接受超度的慧根，便答应了他的请求，将他吸入洞中，送往另一个地方，以另一种方式进行高一层次的修行了。得到蟒仙的帮助后，这位以乞丐身修行的僧人更加精进，离修成正果越来越近了。

在一个炎热夏天的中午时分，那个曾经是乞丐身的僧人，以某寺院住持、高僧的身份来向蟒仙谢恩。蟒仙在洞内以人身与他相见。原来，他被蟒仙送往遥远的北地后，在那里大弘佛法，做了许多的善事，修行的品位已经很高，所以才能与蟒仙面对面交谈。蟒仙说：“你来得正好，我正想把你接受超度的事情给众善男信女们说个清楚呢。”

因为当年遇上了旱灾，这一天来朝阳洞祈雨的人特别多，蟒仙决定向众人说清楚当年乞丐入洞有去无回的谜团。他化作一股清风出洞浮在人们头顶的空中，以震响山谷的声音说道：“诸位善男信女，我乃是朝阳洞中的蟒仙，前年发生的乞丐入洞一去不返的事情，你们一定很想知道是怎么一回事，请看——”

人们循着声音向天空张望时发现，当年的乞丐端坐在一朵云彩之上，正在向人们致意。顷刻间，乞丐又变作僧人模样，把蟒仙帮助自己修成正果的事情简述一遍。人们恍然大悟，齐齐跪在地上，给蟒仙磕头不止，同时表达了祈求下雨的愿望。

这时，天空的声音再次响起："诸位善男信女均与佛法有缘，万不可作恶，本方土地的平安，百姓的康乐，我自当护佑！今天就会普降甘霖。"

匍匐在地上的人们这才知道，这是蟒仙以声音示现，在告诫人向善的同时，许下护佑一方平安的宏愿。人们向空中一拜再拜，感谢大慈大悲的蟒仙。这时，天上的云越积越厚，一场大雨就要下起来了。

人们记住了，那一天，是农历六月十七。从此以后，每年的六月十七，就成了朝阳洞的庙会日。（戈亘搜集整理）

清泉寺清泉的传说

在土右旗沟门镇水涧沟门村西几公里的地方，有一个古老的小村庄叫忽洞沟门村。村后的山上有一条浅沟谷，沟中有一股清澈的泉水，常年喷涌，涌流不息。当地的蒙古族先民把这个地方称之为"忽洞高勒"，意思是"像井中流出来的水流"。关于这股清泉的形成，有一个古老而美丽的传说。

传说在上古时期，这里就有人类居住，他们靠狩猎、采摘和种植为生。山上常年有多处泉水供人们日常生活饮用，山下的果树林因有泉水的浇灌而生长得十分繁茂，人们有采摘不完的果实，种植的庄稼也因有水浇灌而年年有收成，这里的人们生活得很安逸。

可是，这种安逸的生活却没能永恒下去——天灾降临了。有那么一段时期，竟然连续三年冬天未飘一片雪，春夏秋不下一丝雨。渐渐的，山泉相继干涸了，饮用水没有了，人们只好到十几里甚至几十里远的地方去取水。种植也不可能了。果木林一片片地旱死，成了一片枯树桩。采摘也没有希望了。野兽也因为缺水而纷纷逃窜，见不到踪影。

濒临渴死、饿死的恐惧笼罩在每个人的心头。一天晚上，酋长召集大伙儿商议生存的办法。然而，面对的是天灾，谁能拿出更好的办法呢？沉默了好长的时间，有一个人突然跳起来，把草木灰抹了满脸，绕着篝火狂跳不止，泪水飞迸，溅在篝火中"啪啪"作响，一边跳一边仰面向天声嘶力竭地大声呼叫："老天老天你没良心，三年干旱要害死人，我们死了也不甘心，你枉作老天让人敬！”大家起先有点愕然，继而马上产生了强烈的共鸣，便纷纷加入狂跳大呼的行列中来，在狂跳中对着夜空齐声反复怪叫高呼：“老天老天……”还有不少人轮番往篝火中加柴火，篝火越堆越高，像一座小火山一样熊熊燃烧，照亮了一整片天空。众人的喊声也越来越响亮，在静夜的大青山上引起回声：“老天老天……”

玉皇大帝被下界的巨大噪声吵得头疼，不能入睡，坐起身来仔细谛听，才知道民间的怨声和控诉，不禁又气又恼又惭愧，连忙召开御前会议。与会众神有的主张派天兵下去弹压，有的主张安抚，有的主张坐视不理，最终也形不成一个统一的意见。

就在天庭议而难决、莫衷一是的同时，南海观世音菩萨回西天如来座前复命路过东土，云头间觉得浑身炽热难耐，眼见得地上大火烛天，耳听得民间怨声雷鸣，便连忙按下云头，查看究竟。

清泉寺观音大殿

得知详情后，观世音菩萨在半空示现真身，对着篝火边狂舞高呼的人群朗声说道：“众生休要惊慌，我自有办法，保证让你等人有水饮，地有水浇，世世如斯，代代永葆。”众人见观世音菩萨示现，连忙停止狂跳屏息静听，而后纷纷匍匐在地，祝颂救苦救难、扶危济困、大慈大悲的观世音菩萨。

只见观世音菩萨把衣袖轻轻一拂，大青山突然轰隆隆一声巨响，山体裂开一个峡谷口子；又把手中的净瓶向刚刚裂开的峡谷口微微一倾，峡谷内当即涌出一股清泉。人们欢呼雀跃，彻夜狂欢，庆祝救命泉水的到来。

从此，人们便把这股清泉奉为“神泉”。人饮用后耳聪目明，庄稼被浇灌后长势更好收成更多，果木郁郁葱葱，结出的果实分外甘甜。不竭的清泉涌流了千年，一如既往地滋润着大地，养育着勤劳朴实的一方人民。（戈亘搜集整理）

水涧沟门金杏的传说

水涧沟门盛产水果，而以沟门金杏最为驰名。关于水涧沟门金杏的由来，还有一段美丽而颇富传奇色彩的传说。

据水涧沟门人相传，在古代，皇帝以科举选拔人才，天下读书人纷纷应试。内地有一位十年寒窗苦读的饱学之士，立志要考取功名，光宗耀祖，只是屡试不中。此人非常苦闷，因为他知道屡试不中的真正原因并不是自己的学业不精，而是当时的贿考风气盛行，他家境贫寒拿不出银子去贿赂考官。眼见年近四十，而考取功名的梦想仍然难以实现，在又一次落榜之后，他去街上的卦摊找了一位算卦先生给自己算卦，详细诉说了自己屡试不中的苦恼，并求算卦先生为自己转运。算卦先生好一阵端详，好一顿测算，沉吟良久，突然惊呼：“贵人哉，贵人哉！”落第的秀才大惑不解，心想自己落魄如此，一介贫困书生，哪里还有什么“贵”可言说？他抱着讨个吉利的心理请教算卦先生自己是怎么个“贵”法。算卦先生微微一笑开言道：“你多年来一直为一方水土的柔弱之气所困，若想彻底转运，须到北方一游方可。卦象显示，那里有一座高山东西横亘，一条沟水由北向南，一片树林绿荫遮日。你到了那里，可以得豪气而奋发，沾贵气而仕进矣！”算卦先生说完这神秘兮兮的一席话，便匆忙收拾卦摊扬长而去，任他怎么喊也无动于衷。

算卦先生走后，这个落第秀仔细回味算卦先生说的话。说不相信吧，那话也不是完全没有道理；

说相信吧，北方遥远，川资没有着落，怎么个去法？他反复思量，反正自己又一次名落孙山，也羞见家人和相邻父老，“转运”的北方之游也就“宁可信其有，不可信其无”了。想到这里，他便决定开始到北方一游。读书人身无长物，几卷书和纸墨笔砚而已。

这落第秀才毅然决然一路向北，靠卖文为生，过着半乞讨的旅行生活，说不尽的风餐露宿、旅途艰辛，一心要寻找到算卦先生所描述的卦象中地方。终于有一天，他来到今天的水涧沟门地界。他举目四望，眼前是一座大山、一条沟水、一片树林，正与卦象吻合，心中不禁大喜。然而，这里人烟稀少，只有远处有零星的几座蒙古包。考虑到言语不通，自己恐怕连乞食也成了一件困难的事情了。又饥饿又疲劳的他只好无目的地走进树林，躺在一棵大树下一块儿平滑的大石头上休息。他在饥饿难耐的痛苦折磨中睡去，脑海中又做起他的举人进士梦。

就在似睡非睡、似梦非梦中苦熬着六月炎夏中午时光的时候，他突然觉得有什么东西掉进自己由于睡觉而不经意张开的嘴里。蒙眬中下意识地咀嚼，竟然满嘴的甘甜、醇香。

秀才猛一个激灵，起身站立，抬头观看自己上方：只见头顶的树上挂满了金灿灿的果实。他这才知道刚才跌入自己口中的原来是树上的果实。常言道，饥不择食，秀才顾不得多想，马上开始从树上摘下一颗又一颗的果实，狼吞虎咽地饱餐了一顿。

吃饱之后，他手持一颗金灿灿的神奇果实，心想：天下怎么有这么好吃的水果呢？这果实如此甜美，能充饥，能提振我的精神，它叫什么名字呢？这时，令他万分惊讶的状况出现了：那持在手中的果实竟自然张开，发出一个隐隐约约的声音——“幸”。秀才一听，欣喜若狂：幸，这不正是说我从此以后会幸运吗？可又想到这件事情也太蹊跷，树上的果实落入自己口中，树为木，果实又开口说话，是“木”下有“口”，应该是一个“杏”字，它一定会让我脱离多年的背运而步入“幸运”。

想到这里，秀才拿出毛笔，饱蘸朱砂，在自己刚才歇息的平滑大石头上写下一个大大的“杏”字，然后在杏树林中徜徉良久，才依依不舍地离去。他回家后继续备考，要验证这北方神奇果实给他的“幸运”预言。

到了大比之年，秀才真的高

中进士，并做了一个京城的官。可事情的发展并不如他预想的那样美好。他亲眼见识了官场舞弊、腐败堕落的种种黑暗，最终心灰意冷，辞官回家。

他的心里仍然向往着北方的山水，北方的杏树林，特别是那真的给了他幸运的、金灿灿的杏。他十分迫切地想要融入北方的山水、北方的杏树林，做一个永远幸运的自由人。

于是，他举家迁到北方，迁到大青山下、苏尔哲河边，即现在的水涧沟门地界，在他曾经经历过果实开口说话奇迹的杏树林中，在那棵他曾经采摘过金灿灿杏子的大杏树旁，以他写过“杏”字的石头为基石，起房盖屋，过起了果农的惬意生活，并自号“杏林居士”，忙时料理杏园，闲时吟诗作文。没几年的工夫，杏树林就扩展至好几十亩，金灿灿的大杏十分畅销，每到夏季杏市，远近的人们争相前来购买，他们家也非常幸运地成为水涧沟门的富庶人家。

多少代以后，经营杏树林的人越来越多，沟门大杏成为水涧沟门的一大特色果品，更多的人因为有了“杏”这一畅销的特色果品而非常幸运地过上了富足的生活。

到了清朝，康熙皇帝有一次来土默特旗视察，土默特旗行政长官正苦于拿不出什么稀罕的物品供皇上御口品尝。当时正值夏季，他便命人从水涧沟门摘来新鲜的大杏敬奉皇帝御前。

不料，康熙皇帝品尝之后，竟大加赞赏：“此物名杏，倒也吉祥，然金灿灿、黄澄澄的色泽，实在是令人垂涎，不如就叫‘金杏’，‘金’是富丽堂皇，‘杏’是幸运幸福。此物从今以后就名为‘金杏’，每年须进贡朝廷。”

从那时起，水涧沟门的大杏就被命名为“金杏”，并成为土默特进贡朝廷的上品。后来，当地的商人看准了这一商机，大批大批地贩杏进京，水涧沟门的金杏在京城畅销，广受赞誉。（戈亘搜集整理）

大雁滩传奇

历史上水涧沟沟水出沟后分作两流，一流为现在的河道，另一流经东湾村西向南注入黄河。两流中间的平阔地带，常年得沟水补充，形成一千亩大海子，周围芦苇浩荡，百草丛生。海子中水清鱼肥，上下跳跃。天空大雁成行，天鹅翱翔。垂钓的、戏水的、牧羊的，一派人间仙境，美不胜收。

很久以前，这里住着一位姓成的渔民，孤身一人，人称成老汉。成老汉勤劳善良，以捕鱼为生。这年深秋，秋风瑟瑟，树叶枯黄，大雁变着队形向南飞，成老汉望着天空独自饮酒，一缕乡愁骤袭心头，孤独的他不禁仰天长叹。突然，一只大雁口衔树叶在他眼前盘旋，“嘎嘎嘎”鸣叫不止。成老汉顿觉纳闷，不知怎么回事。恍惚间一只大雁将一枚树叶吐入他的酒碗中，老汉拿起树叶细看，只见上面写着“一行归雁一行泪”七个字。而后大雁向北叫着飞去，成老汉循着大雁飞去的方向往前疾走，看见不远处，一只大雕正在撕咬一只大雁，那大雁翅膀耷拉着，流着血，哀鸣不止。老汉见状，举起鱼竿上前猛打大雕，大雕被惊飞。成老汉将伤雁抱回家，精心喂养。谁知，那只曾经把树叶衔入成老汉酒碗的大雁也飞到受伤大雁旁边，不肯离去。原来，衔树叶报信的是只雄雁，受伤的是只雌雁，它们是一对情深意笃、生死相依的伴侣。两只大雁的忠贞爱情，深深地感动了朴实善良的成老汉，他便更加认真地悉心喂养这两只大雁。不久，受伤雌雁的伤痊愈了，可令人奇怪的是，两只大雁似乎并没有飞走的意思，总是双双出去嬉戏，双双归来栖息，仿佛成老汉的家就是它们的家。从此，成老汉将它们当成了家庭成员，珍爱有加，整日饮酒高歌，再也不感到孤独了。

第二年开春，雌雁孵出了七只小雁，雌雁护子，雄雁采食，建起一个美满的家庭。

这年盛夏的一日，天气闷热，乌云密布，蜻蜓低旋，老鼠乱窜，蚂蚁搬家，雷声隆隆。成老汉在院中哼着小调喝着小酒。突然，雄雌二雁站到他面前口吐树叶，叫个不停，成老汉拿起树叶细看，只见分别写着“二十二日大雨至”和“泄露天机必遭谴”的诗句。成老汉深信这两只大雁有先知先觉的灵性，这是报恩行为。他翻开皇历一看，六月二十二日不就是明天吗？大雁既然把这“天机”“泄露”于我，说明它们并没有在乎什么“遭谴”，我必须把这一消息告诉乡亲们，我也不怕“遭谴”。随即，成老汉骑着毛驴，敲着锣，把大雁树叶传信、洪水将至的消息告诉了沿水涧沟两流的各村乡亲们。相信他的话的人纷纷逃避。

第二天午后，倾盆大雨足足下了两个时辰，河道两侧汪洋一片，农田皆被淹没，西营子村灭迹，幸存者甚少。东湾村只剩一户人家，榆树营子变为泽国。灾民皆避于高坡，或栖于树，或卧门板、笸箩逃渡，病弱者房梁悬避，大小畜悉数遭殃，房屋倒塌无数，外逃者流离失所苦不堪言。这就是萨拉齐咸丰五年（1855年）水涧沟流域发生的特大洪灾。

事先得到消息而幸免于洪水灾难的各村村民十分感念这两只神奇的大雁和成老汉，他们纷纷前往成老汉的居所去寻找恩雁、恩人，然而，成老汉的房子、院子里的雁巢已经被洪水冲毁，只剩下隐隐约约的痕迹。成老汉不见了，两只大雁、七只小雁也杳无踪迹……人们感觉到，他们是为村民们的安全献身了。

灾后幸存者为了表达感恩之情，也为了记录这段美丽并有些感伤的人雁传奇，人们便在成老汉住地建立一座土庙，庙楣书写“多样义举多重爱，一巢精灵一首歌”的诗句，以纪念知恩图报的大雁可歌可泣的壮举。每年六月二十二日这天，人们都要前来祭祀，这已成为当地的一种习俗。

人雁奇缘的动人故事感动了水涧沟门人，人们便将雄雌二雁居住过的地方称作“大雁滩”。

1696年10月，清康熙帝驻跸土默特境，有感于大雁滩景色，作《塞外初冬》诗一首，诗云：阴山南去雁行多，渺渺沙原六御过。报是初冬新律改，依然霜晓气暄和。（侯明搜集整理）

萨拉齐城南湿地的传说

素有塞外明珠美誉的萨拉齐城东南方向有一块面积近万亩的湿地。这里，地表常年湿润，春夏秋三季水洼遍布，芦苇、芦草、碱椿生长茂密，一碧千顷，遥接天际，一派水乡风光。良好的生态环境，形成与周边地理环境迥然不同的湿润小环境。关于这块地方，有几个美丽的传说。

一

后羿是一位了不起的天神，他的善射本领，在众多的天神中首屈一指。上古时期，天上突然出现了十个太阳，人间的万物生长、万民生存，都受到严重的威胁。对于这种怪异的天象，就连天帝也十分懊恼，经过反复的思索，天帝想到了神射手后羿。于是，天帝就派后羿去完成射落多余的九个太阳的艰巨任务，以拯救万民。

后羿领到任务后，带上天帝赐予他的红色大弓和九支白色神箭，领着他美丽的妻子嫦娥来到人间执行任务。后羿凭着自己的神力和神技，在大河的岸边，搭上千斤重的利箭，拉开万斤雕弓，九发九中，射落了九个多余的太阳，解除了人间的苦难，也了却了天帝的一块心病。完成任务后的后羿，在等待天帝召回命令的空余时间，辗转来到一块风景秀丽的地方暂时住了下来。这里，北靠青山，南邻黄河，水草丰茂，珍禽异兽出没，百鸟和鸣，比天庭里的环境美多了。他等啊等，等来的却并不是天帝召他回天庭的命令，而是他被贬斥在人间思过的处罚令。

原来，后羿射日救民的盖世奇勋，受到其他天神的嫉妒，他们纷纷向天帝进谗言，拼命地说后羿的坏话，说后羿居功自傲、目无天帝，说后羿贪恋人间凡尘、藐视天庭，等等。听得多了，天帝对后羿的信任也就产生了动摇，甚至怨恨起后羿来了。最终，天帝作出了将后羿贬斥人间一段时间思过的决定。

既然暂时回不了天庭，后羿只好在人间住了下来。他所选择居住的地方，就是现在的萨拉齐城南湿地一带。后羿天天出去打猎，慢慢地，他确实是爱上这个地方了。

后羿的妻子嫦娥，天天在家操持家务，陪伴她的只有一只小白兔。一天，嫦娥偶然发现了丈夫捣制仙药用的小钵，出于好奇，便乘着后羿出去打猎要走好几天的机会，偷偷把钵里的仙药吞服了下去，想体验一下这仙药的功效。谁知，服下仙药之后，她的身体就像没有了分量，飘飘然不能自持，离开地面飞到了天空，而且越飞越高，越飞越远，一直飞到月宫去了。那只小白兔因为舔舐了捣药杵上的仙药，也跟着嫦娥飞走了。

后羿直到第四天的傍晚才回到家里，到家后发现妻子没了踪影，小白兔也不见了，捣仙药的钵和杵还在，仙药却没了，他马上明白是怎么一回事了。而且，他家的居住地本来水草丰美，却一下子变得荒凉起来，没有水，没有鸟语花香、鱼跃蛙鸣。后羿见此情景，本来就已经恶劣的心情，变得更加糟糕，他十分愤怒，带上巨弓利箭，大步来到黄河岸边，对着黄河张弓搭箭，怒问道：“我居住地的水哪里去了？是不是你在作祟？快快还我水来，不然，看我像射太阳一样射杀你！”河神听了十分害怕，连忙上前施礼，说道：“我实不知情，既然如此，我现在马上从地下给你的住地注水就是了，千万不可射杀黄河呀！”后羿收起弓箭，说道：“要注快注，我现在就回去看！”说完便愤愤向居住地走去。

后羿回到居住地一看，眼前的景象果然已经发生了变化。脚下是松软的泥土，触目是连天的碧草，空气湿润而清新，群鸟自由地飞翔。后羿十分高兴，眼前的美景使他第一次产生了不想返回天庭的想法。他爱上了人间的这个好地方。

后羿在人间居住多年，一直没有离开他所钟爱的居住地，一直守护着他以巨大牺牲换来的美好环境空间。后羿死后，他的灵魂化作降妖捉怪的钟馗神，继续护佑着万民平安。所以，在民间传说中，萨拉齐城南湿地是一块吉地、福地、宝地。

二

中国历史上的战国时期，多国纷争，七雄并起，位于北方的赵国就是七雄之一。到赵武灵王在位时，他积极推行“胡服骑射”的军事改革，使赵国军队战斗力大大加强。赵国的疆域拓展到阴山一线，依阴山南麓修筑起赵长城，现土右旗境内仍有多处赵长城残段和烽燧遗迹。

传说，赵武灵王推行胡服骑射的演兵场就在今天旗境大青山南麓的广袤平原上。赵国在开疆拓土的过程中，经常与北方的楼烦、东胡等少数民族发生战争，双方各有胜负，战事频繁。赵武灵王就是在战争中学习到胡人轻便快捷的运动战方式，开始推行“胡服骑射”的军事改革。通过改革，增强了赵国军队的战斗力，但仍不能完全终止胡人经常南下掳掠的行为，战争仍然经常发生。为了巩固疆域，维护安定，赵武灵王决定重创强敌，他采用的是诱敌深入的“口袋战”计谋。

一年秋季，接连几天大雨滂沱，使现今城南湿地一带形成一片沼泽地，表面看起来是平展展的地面，其实都是软泥，深达数尺。当胡人又一次南下掳掠时，赵武灵王知道施展计谋的机会来了。

他在沼泽地两侧布好伏兵，一部分军队在阴山下与胡人相持战斗，一直拖到到傍晚时分，然后佯败后撤。胡人自以为得胜，万骑疾驰，准备南下大掠一回。只见数千胡人骑兵如飓风卷过，相继驰入湿地的泥淖中，马腿深陷，动弹不得，最终被赵国伏兵斩杀无数。少数未陷入湿地泥淖的胡人骑兵，连忙勒马回头向北撤退，却又遭到赵国军队的掩杀，损失惨重。胡人元气大伤，此后多年不敢越赵长城南下掳掠了。

这次胜利使赵武灵王对今城南湿地倍加敬重，他亲率重臣，设坛焚香告祭，封湿地为“护佑国祚之神”，将军事大捷的头功记在湿地的名下。赵国的军民也将这块给他们带来巨大胜利的神奇湿地视为祥瑞之地、神圣之地。

三

16世纪初，成吉思汗第十五

世孙巴图蒙克在满都海夫人的襄助下，实现了漠南、漠北蒙古的重新统一，他被推选为蒙古大汗，史称达延汗。

达延汗将蒙古分为左翼、右翼各三万户，其子被分封为各万户的首领。其中阿勒坦随父、兄驻牧阴山之南、黄河以北的广袤平原，从那时起，原称丰州滩的这块草原便以部族名命名为土默特平原，俗称土默川，一直沿用至今。

阿勒坦青年时期随兄长远征青海、准噶尔，表现出卓越的军事才能。兄长去世后，阿勒坦成为土默特部的领主和右翼三万户实际意义上的领主，他亲率大军，参加蒙古大汗博迪汗亲征乌梁哈部叛乱的战争，并屡建战功，被封为“硕多汗”，土默特部领主阿勒坦从此有了汗的称号。

阿勒坦汗带领汗国重臣，亲自踏查，要选一块理想的地方建为汗廷的奶食供应基地。

阿勒坦汗在都城附近转了不少地方，却没有一处是理想的选择。终于有一天，阿勒坦汗来到都城西南方向约40里的一个草场。这里地势平坦，水源充足，草原繁盛，草长莺飞，景色迷人。特别是在草场的东南方向，还有一块面积不小的天然湿地。行到此处，阿勒坦汗先驻马远观，然后又下马近看，不禁由衷地赞叹道：“我寻访多年，竟不知道我们的土默特草原上有这样的一块宝地，而且还有如此美丽的湿地！长生天啊，您赐给我这块福地，我回报您土默特草原的繁荣！这天赐的湿地，乃是土默特草原上奶食、肉食的原生涵养之地啊！”阿勒坦汗当即决定：在这片草场上建一个“浩特”（牧民聚居点），建起了“查干圐圙”（白色的蒙古包群）。阿勒坦汗还为这个新浩特取了名——萨拉齐，汉意为“务奶食者”。这就是萨拉齐地名的由来。

阿勒坦汗去世后，藏传佛教格鲁派最高领袖三世达赖索南嘉措特地从西藏赶来，主持阿勒坦汗的火葬仪式。阿勒坦汗的骨灰，一部分藏于美岱召大雄宝殿内的灵塔内，还有一部分遵照他生前的遗嘱，撒入他在世时十分看好、特别钟爱的现今城南湿地这块风水宝地中。索南嘉措为阿勒坦汗的骨灰安放和部分撒入湿地举行了盛大的佛事活动，并特别为湿地众生举行了祈福仪式。

四

清光绪年间，萨拉齐厅古雁村有一个叫云双羊的蒙古族青年，他从小酷爱音乐，会各种乐器，会唱蒙古语坐腔、汉语坐腔，会说蒙古语和汉语的顺口溜，博得远近蒙汉群众的喜爱和好评。

但是，云双羊并不满足，他总觉得自己的演唱还欠缺些什么。在野外放牧的过程中，云双羊天天都在练习演唱技巧，但仍然觉得提高不多，达不到自己理想的效果。这是为什么呢？云双羊自己也说不清楚。为了厘清纷乱的思绪，找到升华艺术的途径，云双羊费尽心思、反复琢磨。

有一天，云双羊来到离家稍远一点的一个草场——萨拉齐城南湿地附近放牧。眼前的美景让他陶醉了，所呼吸到的新鲜空气，沁人肺腑，是比饮美酒还要美的享受。他不由自主地在这片美丽的草原上欣喜地来回奔跑，由衷地欢呼起来。同时，他也自然而然地想起老一辈人世世代代相传的古老传说。他想起传说中的后羿和嫦娥，想起战国时候的英雄故事，想起阿勒坦汗和索南嘉措……这是神力、圣力、佛力汇聚的地方呀，莫非是远古至今的仙灵之气聚集在这里么？莫不是这福地的灵气就是可以滋养艺术的精神源泉么？是的，一定是的！

自己也说不清是为了什么，反正今天的云双羊是特别地想唱。他要唱！于是，云双羊便带着某种前所未有的亢奋、某种狂喜不已的激动，开始大声唱了起来。

令云双羊也没有想到的是，今天发出来的声音，不知怎地突然有了一种连自己也有些诧异的优美，一会儿高亢、嘹亮，一会儿圆润、婉转，一会儿悲壮、豪放，一会儿哀婉、凄恻……虽然是信口唱来，没有去刻意追求，也并没有运用自己所掌握和积累的技巧，但这种没加任何雕琢的无心之唱，为什么这么好听呢？

云双羊在激动和困惑之余，开始仔细打量自己所处的环境：空气湿润，美景怡人，风吹草舞，头顶的蓝天白云，身边的花花草草，仿佛都在自吟自唱，都在为自己助唱——他终于明白了，是这湿地环境给了他灵感，给了他功力。萨拉齐城南湿地，为云双羊一生身心融入大自然、为生活歌唱、用生命歌唱提供了可遇而不可求的可贵启迪。

从此以后，云双羊天天来湿地草原放牧，天天练习演唱，天天都有长进。

后来，云双羊又领着许多蒙汉青年一起来湿地草原练习演唱，组建起演唱小班在本地及周边地区演出。在演出实践中，云双羊对原来的演唱形式进行了大胆的改革与创新，把原来的坐腔搬上舞台，发展为有角色、有化妆、有表演、有唱词、有道白、有剧情的舞台剧。由于演出是由一丑一旦两个角色来完成，人们便亲切地称之为“二人台”。

云双羊是学术界公认的二人台祖师爷，而萨拉齐城南湿地则是激发云双羊音乐灵感的基点。这句话是云双羊总结出来的，由他的弟子、再传弟子、再再传弟子一直传至今天，让人们记住这位二人台传奇人物与萨拉齐城南湿地的艺术情缘。（戈亘搜集整理）

当代风采

HUASHUONEIMENGGUtumoteyouqi

当代风采

DANGDAIFENGCAI

"一城四区五基础"，是土右旗城市发展的定位，土默特右旗人民正以"直挂云帆济沧海"的壮志豪情为实现中华民族伟大复兴的"中国梦"而努力。

日新月异的城市建设

走进萨拉沁广场，充满朝气的街景会让人眼前一亮：宽敞干净的路面，车辆东来西往，川流不息；明媚的阳光照在萨拉沁广场的地面上，照在人们微笑的脸上；远处一座座高楼正拔地而起……

一条条宽敞的街道、一个个充满文化韵味的广场，一个个正在崛起的产业园区——一切正在发生和即将发生的改变，都在渐渐为土右旗这个未来新型中等城市描摹出属于自己的靓丽轮廓。

近年来，土右旗把握推进新型中等城市建设的有利时机，突出抓好重点项目和民生工程，一大批市政基础设施建成投入使用，住房供应体系进一步健全，城市品位和承载能力得到极大提升，向着环境优美、宜居宜业的新型活力城市迈进。

城镇新区

规划先行谋定后动

城乡建设，规划先行。

2007年1月，包头市委十届二次全委会议将土右旗的定位由原来的包头市辅城区调整为呼包鄂区域新型中等城市。2010年9月30日，包头市第十三届人大常委会第二十次会议通过《关于推进土右旗中等城市建设的决定》。多年来，土右旗主动作为、自加压力，全面加强全旗城乡规划管理工作，一幅建设富有现代气息的新型中等城市的蓝图逐步清晰，步伐日益稳健。

2010年以来，土右旗进行了大量的城市规划工作：启动编制了城市总体规划、主副城区控制性详细规划、萨拉齐主城区绿地系统专项规划、给排水专项规划及“一园两街”、引水入城城市设计等规划编制。

在城市总体规划确定的园区总体布局基础上，持续推动、高标准完成了新型工业园区、敕勒川现代物流园区控制性详细规划、山格架化工园区。系统梳理、全面完成了旗域村镇体系规划、村庄布局规划、各乡镇总体规划、中心集镇控制性详细规划、中心村庄建设规划。先后促成编制了新110国道沿线景观控制规划、水涧沟门城乡统筹示范区规划、敕勒川文化产业园区控规、美岱召历史文化名村保护与发展规划、美岱桥和小召子传统村落保护发展规划，全旗村民之家建筑样板方案、全旗村庄整治样板方案设计，双龙、将军尧、廿四、毛

土右旗城市规划

岱、小召子等5个特色风情小镇和美岱桥、威俊等24个精品村庄整治改造规划。

2015年，在已有规划基础上，土右旗进一步细化完善，科学布局，坚持新型工业强旗与文化生态立旗并重发展思路，大力实施“科学发展、全面转型、富民强旗”战略，以大规划引领大建设，以大项目支撑大发展，努力构建“一轴两带三区”产业空间布局和“一城双核多点”城镇空间布局，推动经济、政治、文化、社会、生态“五位一体”全面发展，早日建成深度融入“呼包鄂”区域一体化发展的重要节点和新型中等城市，努力打造祖国北疆亮丽风景线上的重要节点和呼包鄂区域城市群中的璀璨明珠。在本轮城市总体规划中，土右旗的城镇体系空间结构确定为“一轴两带三区、一城双核多点”，最终形成六大功能片区，即萨拉齐主城区、美岱召副城区、新型工业园区“一主一副一园”的空间布局结构和水涧沟门城乡统筹示范区、敕勒川文化产业园区和敕勒川现代物流园区三个重点规划片区。

精品城市雏形初显

对照文明城市创建标准和建设新型中等城市的要求，土右旗在“抓细节、补不足、促提高”上做文章。土右旗实施25项城建重点项目，促进城区重点区域连片发展：加快祥隆商业广场、明华日月城等房地产开发项目建设，建成一批高端商务楼宇；建成开放哈屯高勒湿地公园、阿勒坦主题广场；完善城区路网和市政基础设施建设；加快城区园林绿化和夜景亮化，完成敕勒川大街南段、萨凉、萨托公路沿线绿化工程，及旧城主干道两侧和敕勒川大街绿化带等重点区域、重点路段夜景亮化工程，打造自治区绿化先进、亮化示范旗县。

旧城区也随之改造升级。完成656户、6.15万平方米棚户区改造任务，全面改造城中村和城乡接合部小街巷和旧小区，完成萨拉齐东出口整治，完成旧城区市政管网、园林绿化、街区容貌升级改造和延伸配套等工程，全面提升旧城区公共服务功能，全面改善人居环境。

按照全国卫生县城和新型中等城市管理标准，土右旗不断提升城市综合服务功能，建立城区重点区域精细化分类管理制度，实行“主干道严管、次干道严控、小街巷规范”的分类管理，打造2条景观精细化管理示范街。启动城市数字化管理，加大城市信息化投入，配套完善和集中整合住建、公安、城管、交警等相关部门，促进城市管理的

土右旗新貌

精细化、规范化和长效化，打造环境优美、文明有序的智慧城市。

通过新区精品建设、旧城开发改造、城市精细化管理，土右旗已日渐显露出新型中等城市的魅力。拆迁改造旧城区，开发新区，敕勒川大街、阿勒坦大街两条城市骨架干道竣工通车，萨拉齐火车站实现动车停靠，城市供热、供气、给排水等地下管网和园林景观、夜景亮化等地上设施基本实现全覆盖。成功创建“国家卫生县城”和“自治区园林县城”，荣获“国家县级文明城市”提名。

至2020年，土右旗城乡面貌明显改善。夯实城市发展基础，影院街、东胜街、经十一路改扩建工程全面竣工通车。惠民小区至民生大楼供热管网投入使用。全面完成31个小区综合整治、8个老旧小区地下管网改造，小区生活环境更加宜居。维修主次干道33条、小街巷212条，硬化道路50万平方米，新增路灯800余盏，旧城区居民出行更加舒心便捷。补植补栽各类树木、花卉约14万株，扮靓了城市街景，城市环境更加美观，广大居民的幸福感、自豪感大幅提升。稳步推进房地产开发，乾元阳光、现代城商住楼等16个项目进展顺利。扎实推进农村人居环境整治三年行动，建成户厕1.2万户、污水集中处理站23处。实施了农村水质提升工程，新建改造老旧管网27公里，切实解决了113个村4.4万户群众用水高峰期吃水问题，进一步增强了饮水安全保障能力。

“十四五”时期，土右旗践行“一城四区五基地”的城市发展定位。

总体定位：“一城”，即建成呼包鄂榆城市群新型中等城市。树立城市思维，坚持以人民为中心的发展理念，按照“经济繁荣、和谐宜居、生态优美、富裕活力、智慧运行”的总要求，不断提升城市发展层级和影响力，打造成为包头市新的增长极，到2035年全面建成呼包鄂榆城市群新型中等城市，基本实现社会主义现代化。

区域定位：“四区”，即建成国家一二三产业融合发展先导区、自治区沿黄生态经济带协作发展示范区、蒙西文旅康养一体发展样板区、包头市低碳发展先行区。

产业定位：“五基地”，即建设区域绿色能源基地、包头市新型材料生产基地、包头市新型化工基地、区域绿色农畜产品深加工基地、呼包鄂乌智慧综合物流基地。

提升城市建设品位，全面推进以人为核心的城镇化建设。统筹城市规划、管理，推进城市生态修复，强化历史文物保护，塑造城市风貌。按照“城市双修”的理念，系统规划水涧沟河道治理、引水入城、城南湿地公园等城市水系景观工程及公园绿地、体育广场、城市休闲绿道等公共服务设施项目，恢复传承区域建筑历史风貌，对大东、大西街等旧城区主干道两侧建筑进行立面修复改造，打造具有地方特色的历史文化街区。大力推进海绵城市建设，完善雨水、污水管线，解决重要堵点，增强城市防洪排涝能力。新建改造振华大街、站北街、经四路、经五路等8条街道，打造便捷的出行环境。实施城区供热管网改扩建工程，技改升级换热站34座，新建隔压站1座，新建一次网5.2公里，改造供热一次网二期工程。加强公园广场维修管理，持续改善人居环境。

夜景亮化焕发“光彩”

随着土右旗城市建设框架的快速拉大，城区景观照明覆盖范围不断增加，照明亮化设施数量快速递增，这一切在进一步提升土右旗城区建设品位，营造优美、文明、繁荣的城区夜景，提高人居环境质量，改善城市对外形象方面发挥着重要的作用。

城市亮化工程的逐步完善使老百姓切身感受到了发生在身边的夜

土右旗夜景

景变化。华灯初上的土右旗，洗墙灯映射了行政楼的庄严，LED数码灯勾勒了幽静的长廊，投光灯彰显建筑物的风格，点状星空灯更是烘托出美丽夜景的动与静，柔和的灯光、凸显的美感，体现了城市的现代与魅力。

城区夜景亮化工程累计完成花园苑、汇鑫苑、金川名邸等142个单体建筑的美化亮化，实施了阿勒坦大道城区段沿线路灯、交通信号灯等交通附属设施安装工程。对磐安桥、泰来桥、迎宾桥等重要街区节点进行夜景亮化改造。全部由远程控制中心控制，实现亮化工程现代化、智能化、远程化。

为给广大居民提供良好的夜间出行环境，旗住建局市政管理中心组织路灯维修人员对城区内2041基路灯，1000余盏景观灯、中华灯、LED六火祥云灯等进行维护，保证了全旗38条主干道2041盏路灯的正常运行，路灯完好率和亮灯率达99%以上。

路灯亮了，城市更漂亮。错落有致、灯景相融的夜景亮化，勾勒出土右旗文明城市的美丽与活力。

文明：一座城市的永恒主题

2008年，紧随包头市再创全国文明城市的有力步伐，土右旗率先在全市范围内吹响了争创自治区文明旗县城的冲锋号；2011年10月，土右旗成功创建自治区文明旗县城；2012年年初，旗委、旗政府便精准发力，确立了“创城”的目标；2015年2月，土右旗以全新的文明形象通过第四届全国文明城市测评“大考”，成功进入首届全国县级文明城市提名行列，向“创城”目标迈出了坚实的一大步。

一直以来，土右旗把创建文明旗县作为促进科学发展、加强社会管理、提升全民素质、增强城乡综合竞争力的有效载体，突出常态创建、素质提升和利民惠民，开创了“创建促文明、文明促和谐、和谐促发展”的生动局面，先后荣获“国家卫生县城”“全国粮食生产先进县”“全国绿化模范县”“全国绿化先进集体”“全国文化先进单位”“中国著名文化旅游县”“中国二人台文化艺术之乡”“自治区园林旗县城”“全区林业生态建设先进集体”等多项国家级、自治区级奖项。

为不断深化“创城”工作，土右旗出台了《全国文明城市创建长效工作机制》，将创建工作融入各级各部门日常业务工作之中，对不重视创建工作、工作落实不力、进展迟缓的具体责任人进行了调整。加大了资金投入，每年重点项目中涉及"创城"工作的达到30%以上。创新了督查机制，将"创城"工作纳入目标责任考核，组建了创城督导小组，按照"一线督导、简报提示、媒体曝光、纪委督办"的程序查找解决问题。全面推行"创城"网格化管理，县级领导包抓网格，乡镇部门包抓片区，机关干部包抓点位，形成了上下联动、同创共建的良好局面。此外，还着力做好了"创城"软件资料建设工作。

在朝着"全国县级文明城市"目标迈进的过程中，全旗36万人民手牵手共创文明城市、心连心共建和谐土右，文明之花在塞外草原尽情绽放。如今的土右旗，已从一步一个脚印的"小步走"转向了"大踏步"前行。

文明，是一座城市发展永恒的主题。土右旗人将以文明的姿态，托起这座城市的新高度。

四通八达的交通路网

土右旗境内道路纵横交错，四通八达。2008年，全旗等级以上公路总长2146公里，其中过境高速公路一条、34公里，过境国道1条、32公里，县道12条、总长337公里，乡道104条、总长193公里，专用公路一条、9公里，旅游公路3条、25公里。

呼包高速公路（旗境段）为丹东至拉萨过境公路，东起呼和浩特

县级公路

市北罗家营子村，西至包头市九原区东兴村，全长150公里。旗境的呼包高速公路从楼房沟村东南入境，西行经楼房沟、沙图沟、美岱召、九峰山生态园区、小城、沟门镇，从板升气村西跨国道110线至九原区界，全长34公里。

国道110线（旗境段）经旗境32公里，东起美岱召镇协力气村东旗界，沿大青山而行，依次经过的村庄有河子、康卜子、美岱召、美岱桥、沙兵崖、纳太、北只图、沟门、威俊。

县级公路有美将公路、萨明公路、萨凉公路、萨托公路、枣沟公路等。美将公路（美岱召至将军尧公路）的起点是美岱召镇河子村，终点是准格尔旗十二连城乡西不拉村西鄂尔多斯杨（杨四圪咀）吉（吉格斯太）线公路接口，全长44公里，是连接土右旗与准格尔旗的主要通道。萨明公路（萨拉齐至明沙淖公路）的起点为萨拉齐北，终点是五犋牛尧村南防洪堤，全长26公里，是土右旗通往达拉特旗的公路。萨凉公路（萨拉齐至凉城公路）的起点位于呼包高速公路萨拉齐出口1公里处，终点是路三圪堆村东，全长54公里，是连接土右旗和托克托县、凉城县等地的主要交通大道。萨托公路（萨拉齐至托克托县公路）的起点是萨拉齐西立交桥，终点是五台营子，全长66公里。萨托公路于1995年春开工修建，1998年9月底竣工通车。时任中央宣传部副部长刘云山，对萨托公路的建设予以高度重视，亲笔题写了“四通八达，前途无量——祝萨托公路竣工”的题词。枣沟公路的起点是国道110线土右旗工业园区入口处，终点是九峰山管委会鸡灯湾，全长53公里。线路呈南北走向，是旗境内唯一通往山区的县级公路。该公路于2006年5月开工建设，2007年10月15日竣工通车。

土右旗境内有104条乡道，总计里程（四级）1193公里。村道总长516公里。

土右旗形成以县级以上公路为主框架、以乡道为辅，纵横交错、干支相连的“二环三纵四横六出口八连接”公路交通网，和周边的土默特左旗、托克托县、准格尔旗、达拉特旗、九原区、石拐区、固阳县八个旗县区相连。

乡村道

“二环”：第一环是以萨拉齐旧城墙为基础的环城路；第二环是在第一环的基础上分别按照打造呼包鄂区域新型中等城市的需求向外延伸，北到国道110线，全长26公里，和国道110线构成“D”字形分布。公路全部按照二级加宽路面修建，纵向穿越四座公铁立交桥。

“三纵”（从东向西依次排列）：第一纵由美将和枣沟两条公路构成，全长97公里，穿越旗境将军尧、美岱召、苏卜盖、沟门四个乡镇和九峰山管委会，北与固阳县下湿壕乡相连，南和准格尔旗相连，距准格尔煤田100公里；第二纵由萨明公路、新生公路构成，全长52公里，穿越明沙淖、萨拉齐、沟门三个乡镇和九峰山管委会，北经老窝铺和石拐区相连，南过黄河浮桥进入达拉特旗吉格斯太镇境；第三纵萨包公路支线，全长14公里，北和九原区莎木佳村相连，南行通过浮桥进入达拉特旗榆林子镇境。

“四横”：从北向南排序依次为国道110线、包秦公路（大城西至秦家营段）、萨凉公路和萨托公路。“第一横”国道110线和“第二横”包秦公路均为东西走向，横贯旗境东西，西与包头九原区相接，东与土默特左旗相连，和“三纵”呈双“井”字形相交。“第三横”萨凉公路和“第四横”萨托公路均以萨拉齐为起点，偏东南方向横贯旗境东南部地区，穿越旗境海子、苏卜盖、美岱召、将军尧、双龙五个乡镇，东与托克托县五申镇、中

萨拉齐收费站

滩乡相连。

“六出口”（由西向东依次排列）：经萨包线支线过大城西浮桥可达达拉特旗榆林乡，经萨明线过明沙淖浮桥可达达拉特旗吉格斯太乡，经美将线过将军尧浮桥可达准格尔旗宿亥素乡，经萨托线支线过二道河可达托克托县中滩乡，经萨凉线过路三圪堆可达托克托县五申镇，经萨秦线过北卜子可达土默特左旗只几梁乡。

“八连接”：是以行政村为基础，以县级公路为骨架互相连接的8条线路，全部分布在平原区，从东向西依次排序，总里程164公里，其中70%以上建成四级水泥路面公路，其余为砂石路面。

宜居怡人的美丽乡村

土右旗按照美丽乡村、生态村庄总目标，根据各示范村发展实际，在积极实施基础设施和公共服务设施建设的基础上，重点推进的中心村全部达到“五化”(绿化、亮化、硬化、美化、净化)目标，建成“一村一景”美丽村庄。尤其按照“看得见山水、留得住乡愁、体现出特色”的村镇建设理念，注重因地制宜和实用宜居，充分考虑各村地域特点、历史积淀、文化底蕴和村民意见，将首批108个村进行分类打造，确定了产业带动型、新村建设型、特色集镇型、整村改造型四种类型，采取村企共建模式，重

点实施蒙元风格、晋陕风格、欧式风格、田园风情等村镇改造建设工程，全力打造文化主题突出、风格迥异的特色村镇。

按照全域旅游发展思路和“修旧如旧”规划建设理念，实施的美

马留村

岱桥、美岱召两个传统村落保护改造项目，充分挖掘现有历史古迹、自然景观资源，推动文化旅游业发展。通过保护性改造，打造形成敕勒川文化旅游产业示范区核心景区。

以贺成全村、白青尧村为代表的一批沿黄特色风情小镇和以水涧沟门城乡统筹示范区为代表的田园风情小镇建设，主要依托当地畜牧业、渔业、农家乐旅游先天优势，通过整村新建方式，打造农家生活体验式风情小镇和黄河渔村。

将军尧镇借助人口集聚和产业集中的优势，在蒙元风情改造基础上，引导发展壮大商贸流通、肉羊养殖等产业，努力打造新的万人集镇。

此外，结合适合光伏产业发展的有利条件，借助现代农牧业发展和村庄合并、生态脆弱区移民搬迁的时机，选址在双龙镇规划建设光伏新村。

根据各村地域特点和资源优势，分类打造“文化主题突出、风格迥异的特色村镇”，对城乡一体化建设具有重要示范作用。

旗委、旗政府持续深入实施民生工程，一幅幅现代幸福新生活的美丽画卷，正在徐徐展开。

九峰山脚下，有一座“看得见山水、留得住乡愁”的美丽乡村——美岱桥村，以其别具特色的建筑、古朴的民风民俗记录着时代的变迁与民族的融合。根据相关历史资料及田野调查证实，美岱桥村的雏形形成于1800年前后，早期定居在村落的内地农耕移民来自山西，与当地的蒙古人互通有无、和睦相处。由此，有关专家指出“美岱桥村是蒙元文化、晋陕文化和西口文化的重要节点”。

美岱桥村位于国道110线南侧，与苏波盖乡政府一路之隔。步入村口，一座古朴白汉玉石门楼映入眼帘，上书“美岱桥”。穿过牌楼，一条干净平整的柏油路通向村里，路两侧是一排排白墙青瓦、红色廊柱晋陕风格的房子，房顶上的雕花形状各异。美岱桥村于2010年被列入包头市城乡一体化试点村，之后，美岱桥村先后建成奶牛养殖小区、肉羊养殖小区、休闲广场、小学校园、村卫生室、村敬老院、“两委”办公楼、文化广场和民俗博物馆。

美岱桥村

近年来，土右旗保持公共财政预算支出70%以上用于民生，构建覆盖城乡的民生保障体系，提升城市品质、增进群众福祉。2015年以来，实施7大类、423个建设项目，重点推进交通干线沿线36个村庄美丽乡村建设。完成将军尧蒙元特色万人重镇、美岱召古村落保护建设、双龙光伏新村等项目建设，建成蒙元文化、晋陕风格、欧式小镇和田园风情的特色功能集镇和美丽村庄。同时，结合土右旗经济社会发展实际，新增村容村貌、村庄绿化、产业发展3项工程，完成小街巷硬化、太阳能路灯安装、文化广场硬化、无人居住土房拆除、土房改造、节能保温改造、屋顶改造、沿街商铺改造、立面装饰、墙壁改造、太阳能热水器安装、集中供热站、绿化、垃圾清运车(洒水车)购置、大型垃圾箱购置、排污工程建设、厕所和渗水井建设、雨水收集池整治及农家乐、肉驴养殖场、农产品交易市场、温室大棚建设。

日益完善的公共文化服务体系

旗委、旗政府逐年加大文化设施建设的资金投入力度。投资3.5亿元，建筑面积50000平方米的敕勒川文化艺术中心于2011年竣工投入使用，该中心集文化馆、图书馆、博物馆、影剧院、文化艺术会展、交流、创作及文化管理为一体，功能齐全、设施设备一流，建筑风格独特，气势宏大，为土右旗标志性的文化建筑，也是中国西部旗县中规模最大、档次最高、功能最全的文化艺术中心。

在旗级文化设施加强的同时，旗委、旗政府重视基层文化设施建设，累计投资1640多万元，在全旗五镇三乡按照“四室一所”（图书室、阅览室、文化活动室、办公室、文体活动场所）的标准，相继建成8个乡镇文化站、54个村文化活动室、12个社区文化活动室、80家文化大院，此外289个行政村全部建成“草原书屋”，其覆盖率达到100%。形成旗有文化馆、图书馆、

村图书室

村阅览室

村文化活动室

博物馆，乡镇有文化站，村社区有文化室和文化大院的三级公共文化服务体系，服务功能发挥充分，服务质量良好，服务效果日益优化，基层群众参加文化娱乐、读书学习、体育健身活动的程序化管理和组织化程度明显得到提升，群众文化活动朝着内容充实化、活动经常化、质量全优化的方向良性发展，有效提高了基层群众的满意度和美誉度。

均衡供给的公共服务

近年来，土右旗新建、改扩建中小学校27所、幼儿园31所，旗民族第一中与包九中实现联合办学，教学软硬件条件明显改善。投资6000万元，完成旗医院病房楼及20所乡镇卫生院、182个农村标准化卫生室建设，公共卫生服务和医疗水平明显提高。加快公共文化服务体系建设，农村文化站点覆盖率达95%以上，旗文化馆、图书馆荣获“国家一级馆”称号，二人台坐腔等27项民间艺术列入非遗保护名录，成功举办内蒙古二人台艺术节等系列节庆活动——地区软实力加快提升。2020年，土右旗二人台被列入国家级非物质文化遗产项目保护名录。

惠及民众的人文景观

萨拉齐生态公园

萨拉齐生态公园位于萨拉齐镇北端，东临果园大道，西到水涧之滨。门外宽阔的长方形广场中央，一块长方体的巨大石碑横卧其间。碑的正面是“萨拉齐生态公园”七个金色大字，体势苍劲深厚，笔力沉稳雄健；背面是“萨拉齐生态公园碑记”。石碑之下，前后开池，周围方砖为坪，卵石为径，青松翠柏疏朗成趣，奇花异草拥碑而秀。清晨，老幼相随，往来园中；夜晚，彩灯相映，歌声不绝。公园石穹门纵贯南北，气势宏大，造型设计深得阴山山脉蜿蜒起伏之灵感，又突显蒙古民族勇武遒劲之精神。远望石穹门，像强弓着箭，蓄势待发。进入公园大门，迎面一座日月火雕塑，三位一体，热烈奔放，既象征着光辉的时代，火红的岁月，又寓意土右旗事业兴旺、万象升腾。雕塑正对着的景观大道上，五福临门的巨型影壁大开大合，红红火火。影壁由五幅规格统一、造型

萨拉齐生态公园

别致的剪纸式铁板镂空图案组成，乡土特色浓郁，生活气息饱满。穿过巨型影壁，视野豁然开阔。公园主题广场7000平方米，空阔而坦荡，单纯而不单调。

广场正前方，是汪汪一碧的人工湖水。公园主题广场的北面是一条和谐大道。大道入口处是一座《天地人和乐》沙雕——三把夸张的马头琴相背而立，琴身上方分别刻有“天和”“地和”“人和”字样，笔力刚劲，意蕴深远。和谐大

萨拉齐生态公园一角

道的圣人浮雕和语录，气韵儒雅沉稳。仿铜雕塑《牧耕图》，表达着蒙汉民族的交流与融合。

黄河湿地公园

黄河流经旗境103公里，由于多次改道，形成了众多的原生态湿地，构成了黄河流域的综合型生态系统。旗境黄河湿地3000余公顷，其中，面积最大的两片湿地是将军尧镇张立文尧敕勒川湿地（300公顷）和海子乡南尧村共中海湿地（100公顷）。两片湿地周边有大片的森林，水鸟翔集，芦苇繁茂，组合成亮丽的原生态风景线。据专家考证，旗境黄河湿地内栖息鸟类201种，其中国家级保护鸟类13种。

为改善敕勒川湿地和共中海湿地周边的生态环境，形成资源丰富、气候良好、风景宜人的湿地生态。2009年以来，土右旗投资1000万元，在黄河防洪大堤南湿地保护范围内栽植生态林6000亩；投资3800万元，在沿黄公路两侧栽植长50公里、宽60米的林带，有效改善了湿地生态环境。

2010年初，市委、市政府开始筹划建设“包头黄河湿地公园”，并经国家林业局正式发文批准为国家级湿地公园试点。获批的包头黄河湿地公园建设总面积122.22平方公里，由昭君岛、小白河、南海湖、共中海和敕勒川五个湿地片区组成，其中土右旗的共中海和敕勒川片区面积55.25平方公里。

土右旗市政文化广场

土右旗市政文化广场位于振华大街南侧，土右旗新城区的中心地带。总占地面积48000平方米，其中绿化面积达20800平方米。

广场设计巧妙，构思独特。置景疏密有致，绿化高低错落，而且充分利用地上地下的落差，造成

市政文化广场

层次分明、景观独具、韵律有别、风格迥异的视觉效果。广场中间的大道，南北贯通，把市政文化广场自然分成东西两部分。西广场入口处，一块巨石岿然独立。东入口与之相对的位置，一幅人工雕琢的汉白玉卷轴自然舒展，上面刻写着土右旗的历史概况。驻足石卷前，人们既能了解历史，又能品味文化，更能在欣赏赞叹作者独具匠心的设计中体会艺术的美感。所有建筑造型设计都突出了“文化广场”这一主题。

西广场的舞台背面，顺道而行，墙面是一组蒙元简史石刻画，图文并茂。广场北侧，但见池水清澈，水车悠然。西广场东南角的LED大屏幕，日日《朝闻天下》，天天《新闻联播》，浏览大屏幕，可知天下事。

东广场在延续文化元素的同时，更多地彰显了休闲特色。文化景墙上刻有对西广场蒙元简史内容加以补充的石刻画。景墙背面，设计者则以夸张的民间剪纸作品予以装饰。生动活泼的剪纸造型，让景墙那边深厚的蒙元文化有了更深广的蕴意——蒙汉相融共存，文化兼收并蓄，民族之间的和谐团结，铸就土右旗的光辉历史。

盛夏之夜，各村镇文化大院竞相在文化广场的舞台上演出，各显其能。大型集会、文艺会演、年节庆祝等活动也经常举办。

磐安门广场

磐安门是塞外古镇萨拉齐老城的北门，是清代萨拉齐厅同知文山在同治七年（1868年）兴建的。2010年11月，在旧城北门遗址位置，以磐安门为名，兴建了占地2.9

磐安门广场

万平方米的磐安门广场。

在磐安门广场，人们可以回望萨拉齐的历史、重温古县城的旧事。磐安门位于大北街东侧，四围道路纵横，畅通无阻。广场大门依照磐安门旧有格局，坐南向北，直对青山。大门左侧，仿古城楼老砖明砌，巍然矗立，俯瞰旧城，遥望新区。城楼翘棱飞檐，四角翩然，雕梁画栋，轩敞壮观。而仿古城楼连接的城垣，虽只取部分截面，但坚实厚重、安稳如山，给人以垣断意连、时空浩茫的感觉。

广场景观设计饱含历史意蕴，广场石材铺装镶嵌着农耕的浮雕。北部历史厚重、文化丰富、气韵深沉，南部造景简约、视觉流畅、开合自然。特别是隔水南望的文化长廊，步步彩绘，节节成韵；方木造顶，圆木为柱；山水花鸟，画檐灵动；飞禽走兽，雕梁有声；故事情节，起伏跌宕；创设意境，悠远苍茫。无论是建筑风格，还是绘画内容，无论是色彩选择，还是技法运用，都充分突出了文化的内涵。

萨拉沁广场

萨拉沁广场东西长195米，南北宽160米，总面积31360平方米。北倚行政综合大楼，南通敕勒川博物馆，西望鳞次栉比的居民楼群。广场南端正对行政综合大楼的区域，有坦荡如茵的茸茸草坪，有色彩各异的簇簇花卉，有修剪整齐的灌木，但不管高低，无论种类，一律线条笔直、方方正正。广场的景观设计，照应了广场的性质与功能。萨拉沁广场是百姓健康娱乐的场所，已经成为内蒙古二人台艺术节

萨拉沁广场

的主会场，成为土右旗人民大型集会、庆祝年节的重要场地。

泰来门广场

泰来门广场位于萨拉齐城东，南连敕勒川商业历史文化街，北向横穿旗境的京兰铁路，斜对萨拉齐火车站，东与敕勒川大道隔路相望，西与老城区街市遥遥相对。广场占地面积7000平方米，2008年开始动工，2009年9月建成并对外开放。

广场以萨拉齐老城东门泰来门命名，取其“否极泰来”之意，还有“紫气东来”的寓意。“泰来”，是一种美好的祝福。泰来门广场视野开阔，色调明快，设施齐全，功能完备。整体建筑风格平和悠缓，贯穿健身、休闲的主题。主题喷泉位居中心，组合花坛在四周映衬。文化长廊山水彩绘，古韵悠悠；雕塑小品惟妙惟肖，栩栩如生；坐凳高低错落，游人俯仰成趣；花架凭空起势，藤蔓上下皆景。

敕勒川商业历史文化公园

2012年8月8日，敕勒川商业历史文化公园举行挂牌仪式。项目总投资8250万元，总占地1.9万平方米。公园以挖掘土右旗商业历史文化、展示萨拉齐镇老城风貌为目的，建设了明清仿古商业步行街、休闲公园等一系列反映敕勒川商业历史文化内涵的建筑，对提升土右旗城市品位，完善城市功能，扩大文化产业效益具有重要意义，亦是经济发展的重要支撑点。

风格独具的标志性建筑

敕勒川文化艺术中心

土右旗敕勒川文化艺术中心，以蒙汉传统文化和民族团结进步为主题，以拓展“敕勒川文化”和谐包容博大内涵和丰富为外延，以提升城市品位，完善城市功能，展现文明进步，服务人民大众为目标。中心建成集文化管理、创作、交流、研究、图书阅览、博物馆、展

敕勒川文化艺术中心

览馆、中老年活动中心、广电中心、二人台影剧院等公益性、高品位的多功能文化发展中心，为全旗城乡人民群众提供全方位的优质文化服务。力争建成敕勒川文化研究中心和西北地区文化交流发展中心，满足新型中等城市群众日益增长的精神文化需求。该项目占地面积60亩，总建筑面积5万平方米，其中博物馆25000平方米、二人台影剧院4100平方米、中老年活动中心4000平方米、广电中心2300平方米、图书馆2700平方米、文化馆2700平方米、地下停车场5000平方米，其他附属设施3800平方米。

敕勒川博物馆

敕勒川博物馆，于2010年6月动工，2011年10月竣工并对外免费开放。建筑面积2万多平方米，展览面积1.8万平方米，是自治区第一座以区域性历史文化为背景的博物馆。时任中共中央政治局委员、书记处书记、中宣部部长刘云山同志亲笔题写馆名。

博物馆共三层，一楼为共享大厅，二楼为毛泽东诗词展览，三楼为展览的主题区域。全馆共设序厅、历史厅、革命厅、民俗厅、成就厅、城市规划厅、奇石厅七个展览主题厅和一个临地展厅。博物馆陈列布展的内容以6000至5000年前新石器时代的磨制石器和阴山岩画为源，以春秋、秦汉、三国、北魏、宋辽金元、明清、民国、近现代历史遗存为流，收纳中华人民共和国成立至今的当代历史文物，以自

扫码领取
敕勒川博物馆

敕勒川博物馆

治区70多年来的历史文化考古为基础，以敕勒川中心地带重点文化遗存为代表，通过具体翔实的遗产、实物、图片、模型、书画、音像资料以及现代多媒体技术手段，多方位地呈现了敕勒川历史文化的发展脉络和概貌，展示了我旗四十多年来政治、经济、文化等方面取得的丰硕成果。是内蒙古博物院分院和内蒙古敕勒川文化研究会的经常性会场，被自治区和包头市评为爱国主义教育基地和文明单位。

敕勒川文化产业园区

敕勒川文化产业园区包括“一主园、四辅区”，是富有地方特色的综合性文化产业园，也是敕勒川文化艺术产品的集中展示场所和集散地，是自治区迄今为止规模最大的文化产业示范园。

敕勒川文化产业园主园区，距萨拉齐镇约19公里，西起甘沟前佳禾会馆、东至清水沟旅游度假村，包括中部的蒙元（美岱召）历史文化区、东部的敕勒川百家村民俗风情文化区和西部的游牧农耕文化区，占地面积5平方公里。其中蒙元（美岱召）历史文化区主要展现距今已有450多年历史，自治区年代最早、保存最为完整的寺庙类古建筑群，具体包括美岱召古城寺、美岱召广场、敕勒川博物馆分馆、三娘子主题景区和蒙元民居。敕勒川百家营民俗风情文化区是以敕勒川民族传统文化为主题的人文景观，由敕勒川传统姓氏文化、民俗文化和建筑文化形成的各具特色的村群文化园，重点展现敕勒川地区不同历史时期的农村传统民俗风情。游牧农耕文化区分为游牧文化区、农耕文化区两个功能片区。游牧文化区以敕勒川游牧文化为灵魂，构建室内马场、祭天台、敕勒歌台、阿勒坦汗影视城、人工森林公园等。农耕文化区主要有室内垂钓馆、敕勒川农具历史展区、敕勒川高科技农业示范区、敕勒川书画及二人台艺术创意区、综合接待区。

广义的敕勒川文化产业园包括四辅区，即北部的阴山（九峰山）峡谷湖光区（简称阴山区）、南部的黄河北岸（将军尧）敕勒川万亩大草原（简称草原区）、中部的敕勒川现代农业区和西部的敕勒川新城文化区。“四辅区”建设按照与主园遥相呼应、配套衔接的要求，加快推进城区文化生态休闲区、九峰山峡谷湖光区、万亩草原风景区、现代农业观光区“四辅区”项目建设。

在萨拉齐城区建成以敕勒川文化艺术中心、动漫影视游乐区、商业历史文化区、湿地主题公园及民族特色广场等文化休闲景观为主的敕勒川文化中心产业区。

在后山区依托九峰山的天然生态资源和美岱水库，打造“高峡出平湖，碧水映青山”的壮美人文景观，形成九峰山峡谷湖光区。

在黄河沿线开发贫瘠盐碱地并利用黄河湿地建设万亩大草原，再现敕勒川草原丰美景色，展示塞外风情和传统民族民俗文化，建成敕勒川万亩草原风景区。

在黄灌区肥沃的土默川平原上和沿山区农业生态带建设观赏型种养业园区、朝阳采摘园、水涧沟生态园等展现自然田园风光，建成敕勒川现代农业观光区，打造成为敕勒川文化产业延伸和拓展的重要区域。

中国·敕勒川现代农业产业园

中国·敕勒川现代农业产业园是包头市国家级现代农业科技园区核心区，坐落于土右旗沟门镇，占地面积5000亩。截至目前，已建成200亩的设施园艺种植示范区（3万平方米智能温室和1.5万平方米的日光温室）、1200亩的农作物研发成果转化区、300亩的畜牧养殖及马文化产业区，正在建设1.7万平方米的农牧民综合实训基地。

依托内蒙古农业大学、包头农科院等科研院所的师资和专家队伍，通过公司化运作方式建设完善六大版块，即：敕勒川现代农业产业技术创新中心、敕勒川现代农牧民职业技能培训学校、敕勒川现代农牧业规划设计院、敕勒川现代农牧业产业联盟、敕勒川现代农牧业装备制造基地、包头市中小学生研学旅行及劳动教育基地，努力打造产学研融合发展的国家级现代农牧业高新技术产业示范区、地校企合作共赢的国家级现代农牧业产教融合示范区和中国北方设施园艺的硅谷，提高农业新品种、新技术、新装备的成果转化率，为乡村振兴提供科技支撑。

古人吟咏

HUASHUONEIMENGGUtumoteyouqi

古人吟咏

GURENYINYONG

敕勒川，阴山下，在这片“风吹草低见牛羊”的美丽地方，多少文人志士曾经打马走过，留下了令人回味的锦章华句。

北魏民歌

敕勒歌

北魏民歌

敕勒川，阴山下，
天似穹庐，笼盖四野，
天苍苍，野茫茫，
风吹草低见牛羊。

唐人吟咏

边　词

唐　张敬忠

五原春色旧来迟，
二月垂杨未挂丝。
即今河畔冰开日，
正是长安花落时。

暖　川

唐　李益

胡风冻合䴙鹈泉，
牧马千群逐暖川。
塞外征行无尽日，
年年移帐雪中天。

金元人吟咏

论　诗

金　元好问

慷慨歌谣绝不传，
穹庐一曲本天然。
中州万古英雄气，
也到阴山敕勒川。

过李陵台

元　萨都刺

降入天骄愧鬼才，
山头空筑望乡台。
苏郎有节毛皆落，
汉主无恩使不来。
青草战场雕影没，
黄沙鼓角雁声哀。
那堪携手河梁别，
泪洒西风骨已灰。

过丰州

元 刘秉忠

出边弥弥水东流，
夹路离离禾黍稠。
出塞入塞动千里，
去年今年经两秋。
晴空高显寺中塔，
晓日平明城上楼。
车马喧阗尘不到，
吟鞭斜袅过丰州。

丰 州

元 魏初

五更骑马望明星，
细草坡陀迤逦行。
一片长川天不尽，
荞花如雪近丰城。

过云川和刘正叔韵

元 耶律楚材

西域风尘汗漫游，
十年辜负旧渔舟。
曾观八阵云奔速，
亲见三川席卷收。
烟锁居延苏子恨，
云埋青冢汉家羞。
深思篱下西风醉，
谁羡班超万里侯。

明清人吟咏

塞 上

明 方逢时

胡天莽天际，边山蹴空起。
浊河大荒来，奔流竞南驰。
云黄日色薄，风急蓬沙靡。
秋过士马闲，雪净鹰鹯喜。
将军时出猎，飞狐殪封豕。
筑城悲秦劳，割土怀宋耻。
经纶仰庙谟，折冲藉诸子。
愿言奏朕功，勒铭配班史。

三娘子

明 穆文熙

少小胡姬学汉装，
满身貂锦压明珰。
金鞭娇跨桃花马，
共逐单于入市场。

河套西望 三十六年平噶尔丹 出大同入边作

清 康熙

往代存虚议，今为我外藩。
河环沙碛暖，境阔草滩繁。
错落延绥接，迷离朔漠吞。
时巡曾不到，特示抚柔恩。

出　塞

沿边山行取道塞外沙浅途平水草咸便且十二日之程减半得达安边堡书以记之

清　康熙

森森万骑历驼城，
沙寒风清碛路平。
冰泮长河可饮马，
月来大漠照移营。
邮签纪地旬余驿，
羽辔行边六日程。
天下一家无内外，
烽消堠罢不论兵。

塞　上

清　康熙

半岭黄云和，风悲鼓角闻。
野塬沙草外，落日自西沉。

土默川杂记

清　钱良铎

北高南下万峰连，
车马如行水上舷。
鸟道近留痕二线，
旌旗鱼贯入青天。

毡缉穹庐面面匀，
蔽风承雨不遮尘。
只嫌抬眼撑犁匠，
月照星窥太昵人。

马通供爨酪供餐，
束带羊裘貂制冠。
应傲中原无计拙，
苦幸耕织备饥寒。

水草随时选牧场，
去留曾不隔星霜。
全家迁徙无离别，
白首何人认故乡。

番语侏离译不明，
相看都用手传情。
欲思博望操何术，
口作华语万国行。

驱驼市马语哗然，
乞布求茶列帐前。
但得御寒兼止渴，
生涯初不赖金钱。

地寒人亦种粮夫，
落落犁锄播陌头。
五月嫩苗犹著地，
麦秋应待稻花秋。

现代人吟咏

登大青山访赵长城遗址

蔺伯赞

胡服骑射捍北疆，
英雄不愧武灵王。
邯郸歌舞终消歇，

河曲风光旧莽苍。
望断云中无鹄起，
飞来天外有鹰扬。
两千几百年前事，
只剩蓬蒿伴土墙。

塞上吟

荣 祥

日暮边关静，沙平瀚海遥。
草衰河滚滚，风劲马萧萧。
宝帐曾磨剑，连营夜击刀。
军中谁仗节，共说汉嫖姚。

雪积长城暗，云横古塞微。
风声传剑戟，月色闪旌旗。
敌幕鸦初集，阴山兽正肥。
弓强兼马怒，一猎足宣威。